固まる糸！
HEAT＋で
編む雑貨

ヒートプラス

毛糸ピエロ♪／毛糸ZAKKAストアーズ♪

recipe ⇒ p.66

講談社

固まる糸！HEAT＋（ヒートプラス）で編む雑貨

CONTENTS

WHAT'S HEAT＋ ———— 3

1. コースター（角／スクエア） ———— 4　recipe ⇒ p.34
2. ドイリー（角） ———— 5　recipe ⇒ p.35
3. テーブルセンター（角） ———— 5　recipe ⇒ p.35
4. コースター（丸／サークル） ———— 6　recipe ⇒ p.36
5. ドイリー ———— 6　recipe ⇒ p.36
6. テーブルセンター ———— 7　recipe ⇒ p.36
7. カップ形オブジェ ———— 8　recipe ⇒ p.37
8. キャンドルカバー ———— 9　recipe ⇒ p.38
9. カトラリーケースa（単色） ———— 10　recipe ⇒ p.40
10. カトラリーケースb（ボーダー） ———— 10　recipe ⇒ p.41
11. ピアス ———— 11　recipe ⇒ p.42
12. 三連ピアス ———— 11　recipe ⇒ p.42
13. ネックレス ———— 11　recipe ⇒ p.42
14. ブレスレット ———— 12　recipe ⇒ p.44
15. バレッタ ———— 13　recipe ⇒ p.45
16. クラウン（大） ———— 14　recipe ⇒ p.46
17. クラウン（小） ———— 14　recipe ⇒ p.46
18. めがねケース ———— 15　recipe ⇒ p.48
19. ペンケース ———— 16　recipe ⇒ p.50
20. コインケース ———— 16　recipe ⇒ p.50
21. スマホケースa（ドット） ———— 17　recipe ⇒ p.52
22. スマホケースb ———— 17　recipe ⇒ p.53
23. サークルバッグ ———— 18　recipe ⇒ p.54
24. チェーンショルダーバッグ ———— 19　recipe ⇒ p.56
25. ペアの帽子（キッズ） ———— 20　recipe ⇒ p.58
26. ペアの帽子（レディース） ———— 20　recipe ⇒ p.58
27. モビール ———— 22　recipe ⇒ p.61
28. 丸いバスケット（大） ———— 23　recipe ⇒ p.62
29. 丸いバスケット（小） ———— 23　recipe ⇒ p.62
30. 小物入れa（小） ———— 24　recipe ⇒ p.64
31. 小物入れb（小） ———— 24　recipe ⇒ p.64
32. 小物入れc（中） ———— 24　recipe ⇒ p.64
33. マトリョーシカ ———— 25　recipe ⇒ p.66
34. 時計 ———— 26　recipe ⇒ p.70
35. バスケット ———— 27　recipe ⇒ p.72

アイロン使用での固め方 ———— 28
[Column] 形を整えやすいのがヒートプラスの魅力 ———— 30
この本に登場する編み方 ———— 74
とじ、はぎの方法 ———— 78
HEAT＋　Q&A ———— 79

p.4

p.10

p.20

p.26

WHAT'S HEAT +

ポリエステル100%　約40gコーン巻(約103m)

楽しいからオススメします！
ありえなかった「固まる！」糸 HEAT +（ヒートプラス）の雑貨作り

※以下、商品名はカタカナで表記します。

80℃以上の熱により固まる性質のあるポリエステルでできています。本書では、アイロンを使う方法で作れる小物を紹介します。固まることで、今まで叶えられなかった編み雑貨が作れるのです！　固まる不思議さに心躍らせながら、雑貨作りに挑戦してください。

カラーは大人かわいい16色 （2019年3月現在）

※新色が増えたり、廃番になる場合もあります。購入については最終ページをご参照ください。
※作品のカラー写真は光の加減で異なる色に見える場合もあります。本来の糸の色見本はこちらです。

02 サーモン　03 カメリア　04 レモンイエロー　05 ダークシアン
06 アンティークグリーン　07 サルビアブルー　08 ダークグレー　09 ホワイト
11 キャメル　12 フォグピンク　13 グレージュ　14 エクリュベージュ
15 ミストグレー　16 カモミール　17 ロイヤルブルー　18 ラベンダー

HEAT + は こんなに固まる！

透かし模様の小物入れ。編み上がりはフニャフニャでも……

何度かスチームをあてていけば、こんなにしっかり！（参照⇒p.33）

HOW TO USE?

アイロンで固める基本はスチーム使用。本書では、かけ方を5タイプに分けて説明します（p.29～、動画案内つき）。作品によっては下記参照により、アレンジしてください。

【しっかり固めたい】（バッグやバスケットなど）
「ドライ（中）」で、直にあてると繊維の一部の成分が溶けて固まるのでカッチリ。アイロンにくっつくのが心配ならあて布をしましょう。しっかり何度もかける場合は「必ず裏（もしくは内側）」からが無難です。

【ふっくら感を残したい】（モチーフや帽子など）
形を整え、アイロン面は作品から少し浮かせて、じっくりゆっくりと「スチーム」。見た目に糸は溶けず、編み感を生かしたまま形状記憶のような状態に。

注意（やけど）
- 火傷をしないよう注意してください。
- アイロン機種や作品の大きさにより加熱時間は異なります。固める工程では、手で形を整えるとともに、固まり具合を、その都度確認してください。
- 温度は「中」が原則（一部例外もあります）。高温＆加熱しすぎないように。
- お子さんが加熱する場合は、保護者の方の指導のもとに行ってください。

レシピ内の「寸法」について

熱反応で収縮する糸なので、本書ではサイズを編み上がりの状態と、「固めた状態」の2段階で表記。編み方の強弱やスチームのあて具合で個人差がでますが、製作の目安としてください。

- **編み上がりの寸法**　※□囲みで表記。
  ゆるく編む方、きつく編む方、編み手により前後しますが、編み上がりの参考にしてください。少しの違いは、アイロン時の収縮加減で調整が可能です。
- **出来上がり寸法**
  アイロンをあて、仕上げた後の作品サイズです。固さとともに、お好みで調整しても結構です。ただし、パーツを組む作品はサイズを意識して合わせてください。

※なお、編み図内のCはセンチメートルのことです。

1. コースター（角<small>スクエア</small>）
recipe ⇒ p.34

単色のものは編み方もシンプル。編み上がりは少し歪んでしまったとしてもヒートプラスなら固めるときに補正できます。

はじめてさんにオススメ！
スチームをあてながら
きれいな形に整える

コースターを
たくさん編んでつなげて、
セットにできる！

2. ドイリー（角）
3. テーブルセンター（角）
recipe ⇒ p.35

コースターに合わせて、セット使いもできます。12枚はぎのほうは、ランチョンマットにもちょうどいいサイズ。

丸く編むのが楽しいモチーフ。
結ぶだけ！でドイリーにも

4. コースター（丸^{サークル}）
5. ドイリー
recipe ⇒ p.36

カントリーテイストのコースターは色に
よって表情が変わります。ヒートプラス
ならモチーフをつなぐのも結ぶだけでOK

同じ編み方のモチーフを結ぶ、
多色使いでいっそう素敵

6. テーブルセンター
recipe ⇒ p.36

編み方はひとつでも、配色によってムードが一新。家具や季節に合わせて、色合わせを考えてみるのも楽しみになります。

この編み方でも形がしっかり。
小物入れにも♪

7. カップ形オブジェ
recipe ⇒ p.37

飾るだけでもおしゃれなオブジェ。カフェタイムには、コーヒーフレッシュやシュガーキューブを入れて。アクセサリー入れとしても素敵ですよ。

やわらかい光に合う透かし柄。
たった3枚を結んで完成

8. キャンドルカバー

recipe ⇒ p.38

直径約8cmのカップ用。このデザインは固めてあっても少し伸び、大きめのカップにも使えます。ロックグラスなどのコップホルダーにも。

9. 10. カトラリーケース a b
recipe ⇒ p.40・p.41

毛羽立たず、固めてもやわらかさが残る糸が、食器をやさしく守ります。素材感が紙や布と相性がよく、ナプキンやクロス類にもよく合います。

出しっぱなしでも
絵になる可愛さ！
洗うこともできます

編まずに巻いて固めるだけ！
楽しい♪丸まるアクセ

11. ピアス　12. 三連ピアス　13. ネックレス
recipe ⇒ p.42

なんと、巻いてスチームをあてるだけでアクセサリーパーツができてしまいます。身につけていないかのような軽さも魅力。

14. ブレスレット
recipe ⇒ p.44

形はしっかりしていても、チクチクせず肌触りは良好。汚れたら洗うこともできるのもお役立ちポイント！

どこにもない、形状記憶アクセ

四角に編んで、糸を巻いて、
アイロンするだけ

15. バレッタ
recipe ⇒ p.45

可愛いのに超超簡単！ ゆるやかなカーブに固められる、ヒートプラスの魔法が生かされています。固めても針は通るので、金具づけも大丈夫。

発表会、誕生会、
ハロウィーンには王冠で主役に！

16. 17. クラウン（大・小）
recipe ⇒ p.46

女の子にも男の子にも似合うデザイン。女の子にはベールを添えても素敵。小は斜め付けするとキュート、底をつければ小物入れにもなります。

18. めがねケース
recipe ⇒ p.48

バイカラーの作品ながら、パーツごとに編むので糸替えの手間なし。初めてさん向きの作品。いろいろデコしたり、アレンジも利きます。

編みやすく、ソフトに守って、
ふんわり可愛い

ステーショナリー・セットはいかが？

19. ペンケース
20. コインケース
recipe ⇒ p.50

固めてハリを出せるので、ステーショナリーにも。厚手デニムくらいの感触です。固めても縫い針は通るので、ファスナーは手縫いです。

固まる糸だから叶えられる
個性的なスマホケース

21. スマホケース a（ドット）
recipe ⇒ p.52
22. スマホケース b
recipe ⇒ p.53

固めれば毛羽は抜けにくいので、スマホのケースに向きます。手作り感あふれる世界でたったひとつのケース、プレゼントにも。

23. サークルバッグ
recipe ⇒ p.54

2本どりで編むのでサクサク進められます。均一な力加減で編めるとベスト。そして、この糸ならアイロン時に「いい形に補正」が利きます。

ナチュラルで
自然な素材感なのに
型崩れしない

形がしっかり出るから、
コンサバなデザインにも◎

24. チェーンショルダーバッグ
recipe ⇒ p.56

長方形を3つ編めば作れるバッグ。ニットとしては珍しいコンサバティブ。熱でしっかり固めるので、金具取り付けに切り込みを入れても大丈夫。

25．26．ペアの帽子
（キッズ＆レディース）

recipe ⇒ p.58

どちらも長編みと細編みの2種類で作れます。シンプルな編み方なのにきれいなフォルムにできるのが、ヒートプラスの「熱のワザ」。

やさしい肌触りを残しながら、
ニュアンスのあるフォルムに

27. モビール
recipe ⇒ p.61

固めてきれいな雪の結晶のようなモビール。やさしい雰囲気だから1年中使えます。手の空いた時間に、ちょこちょこ編みためるのも楽しいもの。

お部屋をロマンチックに演出します

毛糸だと"ありえない形"のバスケット

28. 29. 丸いバスケット（大・小）

recipe ⇒ p.62

透かし模様でも、ちゃんと形を保てるバスケット。ポンッとそこにあるだけで、お部屋のインテリアとして絵になり、「見せる収納」が楽しめます。

ニットらしいデザインが
お部屋に映えます

30. 31. 32. 小物入れ a(小)・b(小)・c(中)
recipe ⇒ p.64

固めるときに、耐熱性のボウルを利用します。厚紙で型を作る手間が省ける分、いろいろな色でたくさん作ってみたくなります。

まるで童話のような……
重ねても並べても可愛らしいオブジェ

33. マトリョーシカ
recipe ⇒ p.66

ヒートプラスの固まる効果で、入れ子にしやすくなっています。細編みだけで編めるので、初めてさんでも挑戦できます。

34. 時計

recipe ⇒ p.70

時計といえば、硬質なデザインが多いので、こんなニットの時計は珍しいもの。ナチュラル系インテリアによく合います。

編み地とカラーで
ナチュラルテイストのインテリア

見せる収納にも活躍、
洗えるのもウレシイ

35. バスケット
recipe ⇒ p.72

素敵なデザインなので、しまうのは
もったいない。タオルやリネン類、
赤ちゃんの小物やおもちゃ入れに。
洗えるので清潔を保てます。

ヒートプラスの固まる魔法！ # アイロン使用での固め方

ヒートプラスは、80℃以上の加熱で固まります。この本では、アイロンで固める方法を解説します。

道具と用具
ふだん使っているスチームアイロンとアイロン台、裁縫用具があれば十分です。

スチームアイロン
右と左のアイロンでは、蒸気孔に違いが。どちらのタイプでも使えるが、蒸気孔の多いほうが、固まるのが早いのでおすすめ。

アイロン台
布を畳んで平らにしたもので代用してもよい。

型にするもの
厚紙、耐熱性のボウルなど。

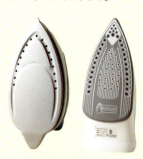

仕上げ用ピン
アイロン専用のUピンがあると便利。なければ、まち針を。

固め方のコツ
A、B、C、D、Eの特徴の違う固め方を紹介しますが、どんな作品を固めるときでも、このコツを念頭におきましょう。

1. **ちょんちょん♪「ドライ」**
ドライでは直接、編み地に軽くあて、形を落ち着かせる。アイロンに接した部分は糸が溶ける場合もあるので、裏にあてるのが無難。

2. **固め作業は、裏で8割、表は2割**
作品により割合に差はあるものの、概ね裏や内側のスチーム段階でサイズを決めるように。表は編み目を生かすため「仕上げに」軽く。

3. **「スチーム」はアイロンを浮かせて**
直(じか)には触れないように編み地から少し浮かせた状態でスチームをあてる。全体に均等にかかるように動かす。大きなものは中心から外への動きで。

固まり加減

- 特徴として、細編みなど目の詰まったものは縮みが小さく、透かし編みなどすき間のある編み地は縮みが大きい。

- 程度は編み方によるが、いくらスチームをあててもそれ以上は縮まない「限界」もある。ひと回り収縮で限界になるものもあれば、限界まで2割以上縮むものも。

- 組み立てる必要のないものは、好みの大きさ、好みの固さに仕上げてよい。

● **コースターの例** 風合いを残して固めた例。限界ではない。

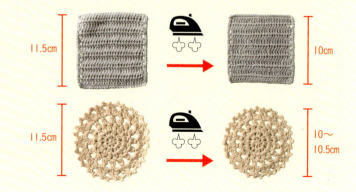

 タイプ **A** 平らに置いて、四角い形を保ちながら固める

動画はこちら
1.と2.は続き

裏から → ドライで形を整える → ピンで固定 → スチーム → 表で仕上げ

1. コースターの例

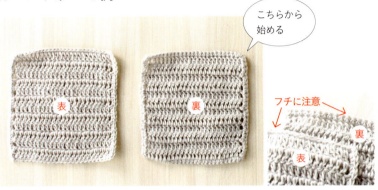

1. 裏が見えるように置き、手で形を整える。

2. アイロン台に乗せ、ドライ（中温）で、端にチョンチョンと軽くアイロンをあて、きれいな形に整える。

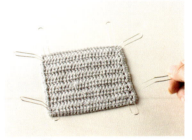

3. 形が歪まないように、四つ角にピンを打つ。

4. 糸に触れない程度に浮かせて、スチーム。まずはシュッと、全体にかかるように軽くかけ、ピンを抜く。

5. 手で形を整えながら、固さの具合を見る。

6. 浮かせてスチームをあてる。ほぼ仕上がりサイズ、または好みの固さになるまで、5.6.を繰り返す。

7. 表に返して、手で形を整え、浮かせてスチームをあてる。1〜2度繰り返す。

8. 完成。

動画はこちら
1.と2.は続き

| 裏から | ドライで形を整える | 長さに合わせてピンで固定 | スチーム | 表で仕上げ |

2. 小物入れの側面など、指定の長さに固める

1．裏が見えるように置き、手で形を整える。

2．ドライ（中温）で、端にチョンチョンと軽くアイロンをあて、きれいな形に整える。

51cmを46cmまで縮める

3．指定サイズになるよう、定規に合わせて、まず四つ角にピンを打ち、たるみが均等になるよう間にも打つ。

4．スチームに切り替え、中央から端に向かって、触れない程度に浮かせてスチームをあてる。

5．ピンを抜いて、形を整えながら、スチームを繰り返す。

6．指定サイズになったら、表に返し、形を整えて表からも軽くスチームをあてて完成。

Column　形を整えやすいのがヒートプラスの魅力

　均等な力で編めたものは、最終的にもきれいな形に仕上がります。でもなかなかうまく編めないこともあるでしょう。例えば、編み始めと編み終わりで力加減が変わってしまうことなどもありますよね。角形コースターは正方形のはずがちょっと台形っぽくなったり……。そんなときも、多少のサイズ調整ならOK！整えたい形、この場合なら正方形になるように四隅や辺をしっかりピンでとめてスチームをあててみましょう。これで補正できることも。こうしたリカバリーが可能なのも、ヒートプラスのメリットです。

　一方で、縮みやすい編み地の場合は、1ヵ所に急激にスチームをあてると部分的に縮んで、歪みになることも。きれいに仕上げるためには、「少しずつ」、「スチームをあてたら、手で固さを確かめながら形を整える」をクセにするようにすれば、固まる力を味方にできます。

 タイプ B　平らに置いて、丸い形を保ちながら固める

動画はこちら
1.と2.は続き

| 裏から | ドライで形を整える | （ピンで固定） | スチーム | 表で仕上げ |

1. コースターの例

1．裏が見えるように置き、手で形を整える。

2．ドライ（中温）で、端に軽くアイロンをあて、きれいな形に整える。

3．糸に触れない程度に浮かせ、中央から端に動かす。固まり具合を確認しつつ、スチームを少しずつ数回あてる。

4．すき間が多い編み地は固まりやすい。裏面で大きさを整え、表に返したら、軽く仕上げのスチーム。

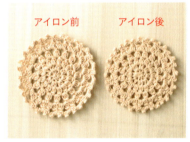

5．完成。

2. 小物入れの底など、指定の大きさに固める

1．裏が見えるように置き、手で形を整える。

2．ドライ（中温）で、端に軽くアイロンをあて、きれいな形に整える。

3．指定の直径サイズになるようピンを打つ。最初は十字の4ヵ所、次にその間に。

次ページに続く

前ページの続き

4. 中央から端に、少し浮かせてスチームをあてる。

5. ピンを外し、指定サイズになるまで、全体にスチームをあてる。

6. 表に返して、軽くスチームをあて、完成。

タイプC 型に巻いて形づくる

動画はこちら

型を用意 → 裏から → ドライで形を整える → 型に巻く → スチーム → 表で仕上げ

ブレスレットの例

1. 厚紙で作った型を用意。裏が見えるように置き、手で形を整える。

2. ドライ（中温）で、端に軽くアイロンをあて、きれいな形に整える。

3. 厚紙に中表に巻き、少し浮かせて、中央から端に向けスチームをあてる。固まり具合を見ながら全体に。

4. ほどよく固まったところで、裏返し（表が見えるよう）に巻く。

5. 少し浮かせて、中央から、軽くスチームを全体にあてていく。

6. 型からはずして、完成。

タイプ D　型に被せて硬化ののち、内側を補強する

動画はこちら

型を用意 ▶ 内側から ▶ ドライで形を整える ▶ 型に被せる ▶ スチーム ▶ 成形 ▶ 表で仕上げ

小物入れの例　※型は、耐熱性のボウルや厚紙で作ったものを利用。

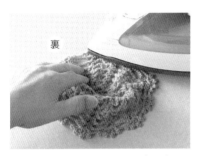

1．内側（裏）の端に、ドライ（中温）で軽くアイロンをあて、形を整える。

2．内側が見えるよう型に被せ、ドライのまま、軽くアイロンをかけ、形を整える。

3．触れない程度に浮かせて、中央から端に動かしてスチームをあてる。

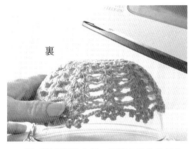

4．手で形を整えたり、固さの具合を見ながら、程よい固さ（8割がた）までスチームをあてる。

5．裏返（外側が見えるように）して、全体に軽くスチームをあてる。

6．型からはずし、固さが甘いときには、内側からスチームをあてる。

タイプ E　別糸を利用して形づくる

動画はこちら

別糸を巻いて型にする ▶ 型に巻く ▶ 転がしつつ全面にスチーム ▶ 別糸を抜く ▶ 軽く仕上げ

巻き玉アクセサリーの例

1．固まらない別糸（綿糸がベター）で玉を作り、ヒートプラスを巻きつける。

2．高温（強）にし、少し浮かせて、玉の向きを変えながら、スチームをあてる。

3．固まり加減を確かめながら、スチームを繰り返す。

4．固まったら、別糸を引き抜く。抜ききってから、仕上げに軽くスチーム。

1. コースター(角) スクエア　4ページの作品

別パターン配色
長編み（p.4右下）
12 フォグピンク　10g
模様編み（p.4左下）
(a) 03 カメリア　5.5g
(b) 11 キャメル　4.5g

[用意する色] ※1枚あたり
長編み（p.4左上）
07 サルビアブルー　10g
模様編み（p.4右上）
(a) 06 アンティークグリーン　5.5g
(b) 09 ホワイト　4.5g

[使用針・用具]
カギ針4/0号

[出来上がり寸法]
　　　の数字は編み上がり寸法。編み手により前後する。囲んでいない数字が出来上がりとしてめざすサイズ。
長編み　縦10cm　横10cm
縦11.5cm　横11.5cm
模様編み　縦10cm　横10.5cm
縦11cm　横11.5cm

[編み方ポイント]
1. 長編みのコースター　鎖の作り目をし、長編みで編む。周囲に細編みを編む。
2. 模様編みのコースター　鎖の作り目をし、模様編みで編む。色替えは糸を渡して編む。周囲に縁編みを編む。
3. アイロン　平らで四角いものにかける方法（タイプA⇒p.29参照）。ピンで固定するので形がしっかり作れる。

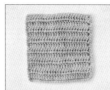

アイロンポイント　スチームは少しずつあて、手でも形を整えながら固める。タイプAの動画そのもののやり方なので、参照するとよい。

■ 長編みのコースター

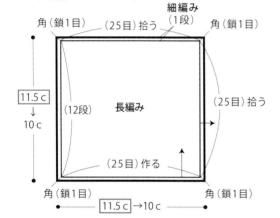

■ 長編み

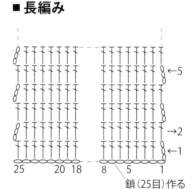

■ 模様編み

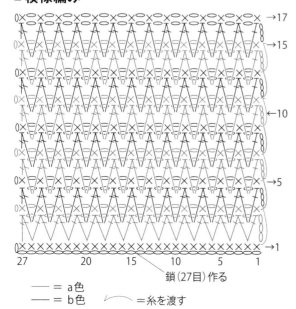

― ＝ a色
― ＝ b色
＝糸を渡す

■ 模様編みのコースター

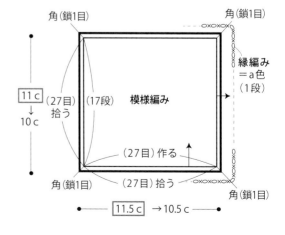

2. ドイリー(角) 3. テーブルセンター(角)

5ページと、カバー折り返し部の作品

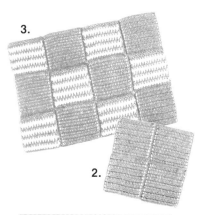

[用意する色]
ドイリー
15 ミストグレー　45g
テーブルセンター
(a) 16 カモミール　100g
(b) 15 ミストグレー　30g

[使用針・用具]
カギ針4/0号

[出来上がり寸法]
☐の数字は編み上がり寸法。編み手により前後する。囲んでいない数字が出来上がりとしてめざすサイズ。

ドイリー
縦20cm　横20cm
縦23cm　横23cm

テーブルセンター
縦30cm　横40cm
縦34cm　横46cm

[編み方ポイント]
1. ドイリー　左ページの「長編みのコースター」を4枚編む。
2. テーブルセンター　左ページの2種のコースターを各6枚編む。
3. 巻きかがり　コースター同士をとじ針に糸を通して、巻きかがる。
4. アイロン　平らで四角いものにかける方法（タイプA⇒p.29参照）。

アイロンポイント　巻きかがってコースター同士をつないだ後にアイロンをかける。大きいものは、中心から外に向かう動きでまんべんなくスチームをあてる。

カバー折り返し部の作品
ドイリー
18 ラベンダー　45g
テーブルセンター
(a) 17 ロイヤルブルー　100g
(b) 09 ホワイト　30g
※つなぐ糸は17 ロイヤルブルー

■ ドイリー

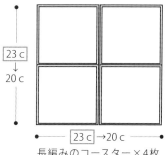

長編みのコースター×4枚

■ つなぎ方

● 巻きかがり

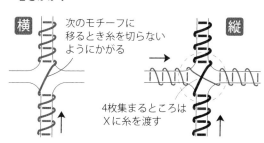

次のモチーフに移るとき糸を切らないようにかがる

4枚集まるところはXに糸を渡す

1. モチーフをつき合わせに持ち、とじ針に糸をとおして内側の半目をすくってかがる

2. 縦の方向も同様にかがるが4枚集まる箇所はXになるようにかがる

■ テーブルセンター

※つなぐ糸はa色

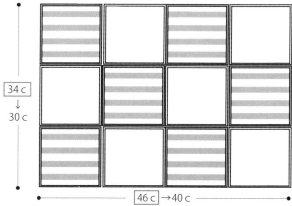

□ = 長編みのコースター×6枚
▨ = 模様編みのコースター×6枚

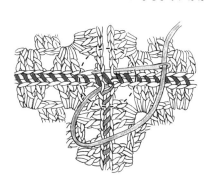

4. コースター（丸）
5. ドイリー　6. テーブルセンター

6〜7ページと、カバー折り返し部の作品

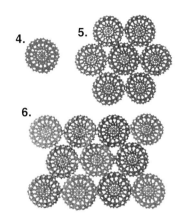

[用意する色]
コースター
(a) 09 ホワイト　8g
ドイリー
(d) 04 レモンイエロー　60g
テーブルセンター
(b) 05 ダークシアン　45g
(c) 14 エクリュベージュ　50g

[使用針・用具]
カギ針4/0号

[出来上がり寸法]
編み図参照。□の数字は編み上がり寸法。編み手により前後する。囲んでいない数字が出来上がりとしてめざすサイズ。

カバー折り返し部の作品	
コースター	テーブルセンター
(a) 03 カメリア　8g	(b) 02 サーモン　45g
ドイリー	(c) 13 グレージュ　50g
(d) 08 ダークグレー　60g	

[編み方ポイント]
1. **コースター**　わの作り目をし、編み図を参照して編む。
   ドイリー　コースターをd色7枚編む。
   テーブルセンター　コースターをb色5枚、c色6枚編む。
2. **アイロン**　平らにして丸の形にかける方法。タイプB（p.31参照）。コースター（丸）は動画そのものなので参照するとよい。

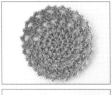
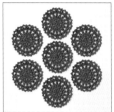
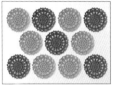

アイロンポイント　1枚ずつ、アイロンをあてる。だいたい同じ大きさになるよう縮ませ方をそろえる。

3. **つなぐ**　コースター同士が接するところで、結んでつなぐ。
4. **再アイロン**　結び目を固める。

■ コースター（丸）

a色（1枚）

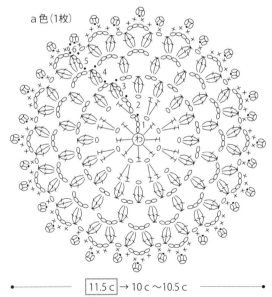

11.5c → 10c〜10.5c

つなぎ目
モチーフ同士を結びつなぐ。簡単でほどけにくい

■ ドイリー

○ = d色（7枚）
─ = 結びつなぐ

34.5c → 30c〜31.5c
31c → 27.5c〜29c

■ テーブルセンター　※お好みの配置でお楽しみください。

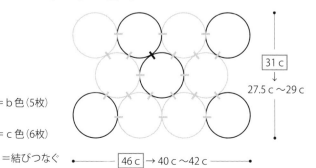

○ = b色（5枚）
○ = c色（6枚）
─・─ = 結びつなぐ

31c → 27.5c〜29c
46c → 40c〜42c

7. カップ形オブジェ

8ページの作品

別パターン
(p.8奥)
18 ラベンダー　16g

[用意する色] ※1対あたり
(p.8手前)
14 エクリュベージュ　16g

[使用針・用具]
カギ針3/0号、毛糸玉（綿）
直径約8cm

[出来上がり寸法]
編み図参照。□の数字は編み上がり寸法。編み手により前後する。囲んでいない数字が出来上がりとしてめざすサイズ。

お皿
直径12cm　直径13cm

カップ
p.38参照　p.38参照

[編み方ポイント]
1. **お皿**　わの作り目をし、編み図を参照して編む。
2. **カップ本体**　わの作り目をし、編み図を参照して編む。
3. **持ち手**　鎖の作り目をし、編み図（p.38）を参照して編む。
4. **アイロン**　お皿はタイプB(p.31参照)の方法でスチームをあて、温かいうちに手で形を整える。カップは型を利用するタイプD (p.33参照)、持ち手は形を整えてピンでとめつけ、スチームをあてる。
5. **つなぐ**　持ち手の編み残しの糸で、カップ本体につなぎ、再スチームで固める。

アイロンポイント　お皿は、手で皿の形を作りながらスチームを少しずつ繰り返す。カップは、直径8cmくらいの毛糸玉を作ってカップにはめ込みスチームをあてる。

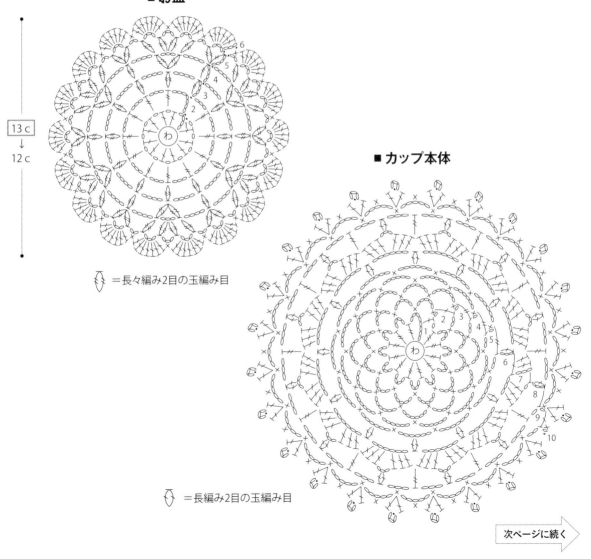

■ お皿

13 c
↓
12 c

⊕ ＝長々編み2目の玉編み目

■ カップ本体

⊕ ＝長編み2目の玉編み目

次ページに続く

■ 持ち手

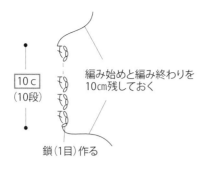

10c
(10段)

編み始めと編み終わりを10cm残しておく

鎖(1目)作る

図のような形にピンで留める
ドライでアイロンをかけて形を固定させてから、
スチームアイロンをあてる

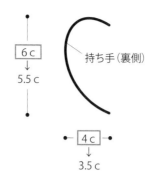

6c
5.5c

持ち手(裏側)

4c
3.5c

■ まとめ　持ち手をカップ本体に結びつけ、仕上げにスチームアイロンをあてる

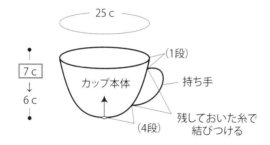

25c

7c
6c

カップ本体

(1段)
持ち手
(4段)
残しておいた糸で結びつける

8. キャンドルカバー　9ページの作品

別パターン
(p.9奥)
15 ミストグレー　10g

[用意する色] ※1個あたり
(p.9手前)
05 ダークシアン　10g

[使用針・用具]
カギ針3/0号、厚紙

[出来上がり寸法]
編み図参照。□の数字は編み上がり寸法。編み手により前後する。囲んでいない数字が出来上がりとしてめざすサイズ。

[編み方ポイント]
1. モチーフ　鎖12目で輪を作り、編み図を参照して、3枚編む。
2. まとめ　モチーフを中表に合わせ、接する場所で結んでつなぎ、輪のようにする。

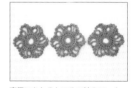

直径にあたるところで結んでいく。

3. 型　右ページを参照し、厚紙で型を作る。
4. アイロン　かけ方はタイプC⇒p.32参照。中表で型にかぶせ、端が整うようにドライで軽くかける。
次にスチームを少しずつあてて固めながら形を整える。
表に返して厚紙にかぶせなおし、ドライで軽くかけて整える。
厚紙からはずし、全体にスチームをあてて形を整える。

■ **モチーフ**(3枚)

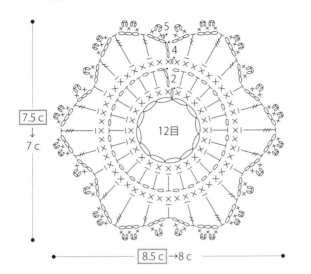

三つ巻き長編み目

編み方動画へのコード

長編みでは糸を1回巻いて始め、長々編みでは2回巻いて始めるところ、3回巻いて編んでいく。
2目ずつくぐらすので、巻いた数が多ければ編み目が長くなる。

■ **まとめ**

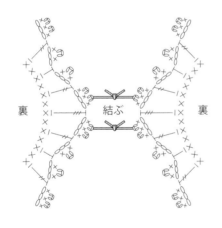

裏　結ぶ　裏

外表の輪になるように2ヵ所ずつ、裏で結ぶ

■ **厚紙の型**

25.5 c

8 c

厚紙

1.5 c 重ねる

■ **出来上がり**

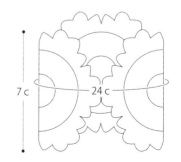

7 c　24 c

9. カトラリーケース a 　10ページの作品

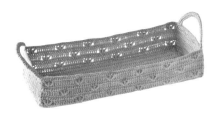

[用意する色] ※1個あたり
(p.10手前)
14 エクリュベージュ 65g

[使用針・用具]
カギ針4/0号

[出来上がり寸法]
☐の数字は編み上がり寸法。編み手により前後する。囲んでいない数字が出来上りとしてめざすサイズ。
縦10cm 横27.5cm 高さ5cm
(持ち手含まない)
縦11cm 横29cm 高さ5.5cm

別パターン
(p.10奥)
06 アンティークグリーン 65g

[編み方ポイント]
1. **底** 鎖の作り目をし、模様編みAで編む。続けて周囲を細編みで編む。
2. **側面** 14目の鎖を2本編んでおく。鎖、角、底より目を拾い、模様編みB・Cで編む。反対側の側面も同様に編む。
3. **持ち手** 右ページの編み図（共通）を参照し、2本編む。
4. **アイロン** 本体はタイプAの②、指定サイズまで縮めるかけ方を参照。持ち手も適度な固さに。
5. **まとめ** 側面の●と底の◎を外表に合わせて巻きかがる。△同士も同様に巻きかがる。持ち手を指定の位置に巻きかがる（かがり方p.78の③参照）。

角を整えながら、スチームをあてる。箱形にとじてから、さらにスチームで仕上げる。

■ 底

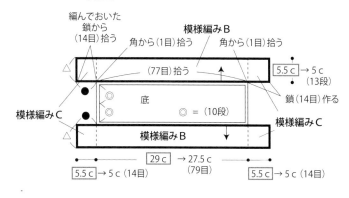

■ 模様編みA・細編み

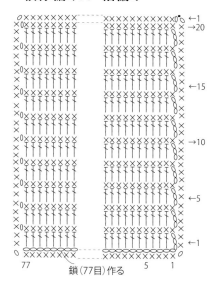

■ 側面

■ 模様編みB・C

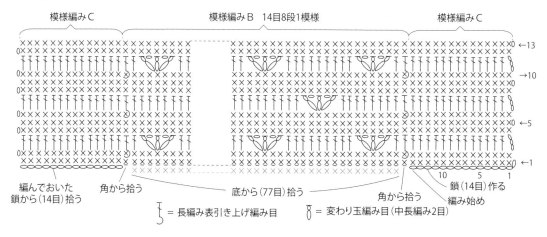

┇ = 長編み表引き上げ編み目　　⦿ = 変わり玉編み目（中長編み2目）

10. カトラリーケース b

10ページと、裏表紙の作品

裏表紙の作品の配色
(c) 09 ホワイト 18g
(d) 07 サルビアブルー 61g

[用意する色] ※1個あたり
(c) 04 レモンイエロー 18g
(d) 08 ダークグレー 61g

[使用針・用具]
カギ針4/0号

[出来上がり寸法]
□の数字は編み上がり寸法。編み手により前後する。囲んでいない数字が出来上がりとしてめざすサイズ。
縦11cm 横29cm 高さ6cm
(持ち手含まない)
縦11.5cm 横31cm 高さ7cm

[編み方ポイント]
1. **底** 鎖の作り目をし、模様編みDで編む。続けて周囲を細編みで編む。
2. **側面** 底の4辺からそれぞれ目を拾い、模様編みDで編む。
3. **持ち手** 下の編み図（共通）を参照し、2本編む。
4. **アイロン** 本体はタイプAの②、指定サイズまで縮めるかけ方を参照。持ち手も適度な固さに。
5. **まとめ** 側面を直角に曲げ、脇同士を細編みでとじる。持ち手を指定の位置に巻きかがる（かがり方p.78の③参照）。

 アイロンポイント 角を整えながら、スチームをあてる。箱形にとじてから、さらにスチームで仕上げる。

■ **底**

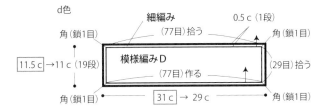

■ **側面**

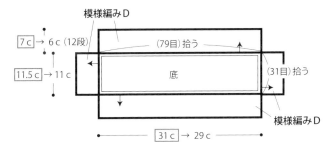

■ **模様編みD・細編み** d色

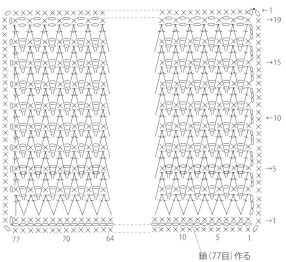

■ **持ち手** （a・b共通）（各2本）
b = d色

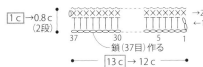

■ **側面の配色図**

― = c色　― = d色

◁ = 糸をつける　◀ = 糸を切る　⌢ = 糸を渡す

■ **まとめ**

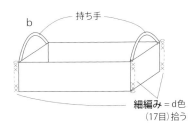

細編み = d色
(17目)拾う

11. ピアス　12. 三連ピアス　13. ネックレス

11ページと、カバー折り返し部の作品

[用意する色]
※いずれの色も少量
ピアス
(a) 05 ダークシアン
(b) 09 ホワイト
三連ピアス
(c) 06 アンティークグリーン
(d) 09 ホワイト
(e) 15 ミストグレー
ネックレス
(f) 04 レモンイエロー
(g) 07 サルビアブルー
(h) 17 ロイヤルブルー
(i) 09 ホワイト

[ほかの材料と用具]
並太毛糸（綿推奨、少量）、丸カン、ピアスパーツ、ネックレスパーツ、（あれば）ヤットコ＆ペンチ

[出来上がり寸法]
ピアス用巻き玉　直径1.5cm
ネックレス用巻き玉　直径2cm

[ポイント]
カギ針要らずで巻くだけ！
1. パーツ（巻き玉）　ヒートプラスでない並太毛糸で、巻き始めを長めに残し毛糸玉にする。ヒートプラスは2本どりで巻く。巻き玉を各作品の必要数作る。
2. アイロン　タイプEのやり方。表面にまんべんなくスチームがあたるように、転がすように向きをかえてかける。しっかり固める。
3. まとめ　ヤットコとペンチで丸カンを開き、巻き玉とアクセサリー金具をつなげ、丸カンをとじる。

アイロンポイント　タイプE（p.33参照）のやり方で、まんべんなく。

ピンク系の配色	※いずれの色も少量
ピアス	**ネックレス**
(a) 02 サーモン	(f) 04 レモンイエロー
(b) 04 レモンイエロー	(g) 02 サーモン
三連ピアス	(h) 03 カメリア
(c) 03 カメリア	(i) 09 ホワイト
(d) 02 サーモン	
(e) 09 ホワイト	

■ 巻き玉の作り方

①並太毛糸で毛糸玉を作る

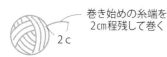

巻き始めの糸端を2cm程残して巻く
ピアス…直径1.5cm
ネックレス…直径2cm

②作った毛糸玉に、ヒートプラスの**2本どり**を巻く
（すき間から毛糸玉が少し見える程度まで）
※巻き終わりのヒートプラスを切り、ほどけないように中に入れておく。

巻き始めの糸端（毛糸玉）
ヒートプラス2本どり
毛糸玉

※きつく巻き過ぎないように注意する。

③平面に置き、上からスチームアイロンをかける
（全体にあたるようにコロコロ転がしながら）

④十分に固まったら、毛糸玉の巻き始めの糸端を引っ張り、すべて引き出す

巻き玉　→　中を空洞の状態にする

■ まとめ

● ピアス　　　巻き玉 直径1.5cm
　　　　　　　丸カンとピアスパーツをつける

● 三連ピアス　巻き玉 直径1.5cm
　　　　　　　巻き玉どうしを丸カン2個でつなぐ

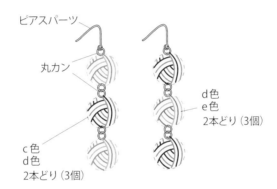

● ネックレス　巻き玉 直径2cm
　　　　　　　巻き玉の空いたすき間にネックレスチェーンを通す

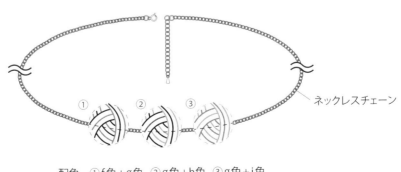

14. ブレスレット

12ページと、カバー折り返し部の作品

カバー折り返し部の作品
09 ホワイト　6g

[用意する色] ※1個あたり
05 ダークシアン　6g

[使用針・用具]
カギ針3/0号、厚紙、丸カン・カニカン・アジャスター、ヤットコ＆ペンチ

[出来上がり寸法]
□の数字は編み上がり寸法。編み手により前後する。囲んでいない数字が出来上がりとしてめざすサイズ。
幅5cm　長さ17cm
幅6.5cm　長さ19cm

[編み方ポイント]
1. **中央から編む**　鎖編み44目を作り、まず中長編み3目の変わり玉編みで1段。編み図を参照して輪に編んでいく。
2. **アイロン**　タイプC（p.32参照）の方法。厚紙で型をつくって巻きながら、スチームをあてていく。
3. **まとめ**　アクセサリー金具をつける。

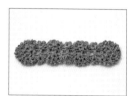

アイロンポイント：タイプCの動画は、このブレスレットの固め方そのもの。わかりやすいので、ぜひご参照を。

■ ブレスレット

● ＝金具つけ位置

🝔 ＝変わり玉編み目（中長編み3目）

🝔 ＝変わり玉編み目（中長編み2目）

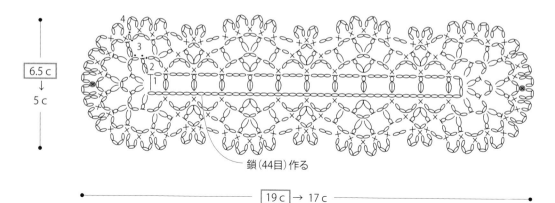

鎖(44目)作る

■ 型（厚紙）

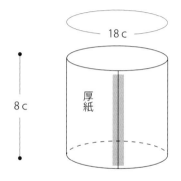

図のように輪にし、裏からセロファンテープで貼った円筒を準備する

■ まとめ

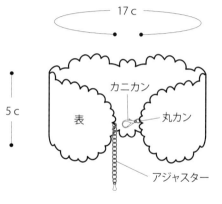

カニカン／丸カン／アジャスター／表

15. バレッタ |13ページの作品|

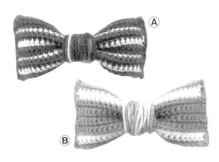

別パターン配色
- Ⓐ (a) 05 ダークシアン 2g
- (b) 09 ホワイト 1g
- (c) 07 サルビアブルー 1g
- Ⓑ (d) 09 ホワイト 1g
- (e) 15 ミストグレー 1g
- (f) 16 カモミール 2g

[用意する色] ※各1個あたり
- Ⓐ (a) 02 サーモン 2g
- (b) 15 ミストグレー 1g
- (c) 04 レモンイエロー 1g
- Ⓑ (d) 09 ホワイト 1g
- (e) 15 ミストグレー 1g
- (f) 17 ロイヤルブルー 2g

[使用針・用具]
カギ針3/0号、バレッタ金具(72ミリ)2個、縫い針

[出来上がり寸法]
□の数字は編み上がり寸法。編み手により前後する。囲んでいない数字が出来上がりとしてめざすサイズ。
横9cm 縦4cm
横9.5cm 縦4.5cm

[編み方ポイント]
1. **本体** 鎖の作り目をし、細編みで編む。両端は縁編みで編む。
2. **アイロン** 下図参照。最初は平らで長方形に整えるタイプA（p.29参照）。
3. **まとめ** 本体とバレッタの金具は、ヒートプラスを針に通して縫いつける。

アイロンポイント：ヒダをつくって中心に糸を締めるように巻いてから、再度スチームをあてる。

■ Ⓐ・Ⓑ 本体

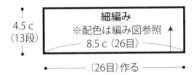

4.5c (13段)
8.5c (26目) 細編み ※配色は編み図参照
(26目) 作る

■ Ⓑの配色

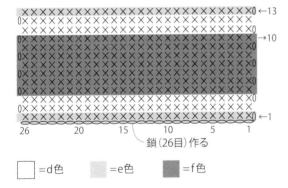

鎖(26目)作る

□ =d色 =e色 =f色

■ Ⓐの配色

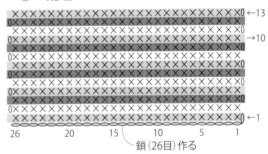

鎖(26目)作る

=a色 =b色 □ =c色

■ 縁編み

Ⓐ…a色 Ⓑ…e色

9.5c → 9c
4.5c (14目)拾う → 4c
細編み
0.5c (1段) 0.5c (1段)

■ アイロンのかけ方

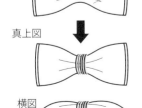

表・折り山
スチームアイロンを軽くあてて、折り山を2つ作る

真上図
中心にヒートプラスを巻きつけ、スチームアイロンをあてて図のように形を作る。（巻き終わりの糸端は裏側で中に入れ込む）

Ⓐ…a色・b色・c色 3本どりで6回巻く
Ⓑ…d色・f色 2本どりで10回巻く

横図
丸く沿った形にする

■ まとめ

4c
9c
金具をバレッタの裏に縫いつける
Ⓐ…a色 Ⓑ…e色

16.17. クラウン (大・小)

14ページと、カバー折り返し部の作品

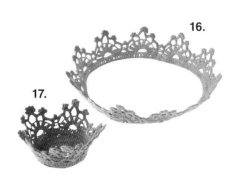

[用意する色]
👑 クラウン 大
04 レモンイエロー 20g
👑 クラウン 小
09 ホワイト 15g

[使用針・用具]
カギ針3/0号、厚紙、デコレーションシール、三日月型チャーム、丸カン、接着剤

[出来上がり寸法]
編み図参照。☐の数字は編み上がり寸法。編み手により前後する。囲んでいない数字が出来上がりとしてめざすサイズ。

カバー折り返し部の作品
👑 クラウン 大
03 カメリア 20g
👑 クラウン 小
07 サルビアブルー 15g

[編み方ポイント]
👑 クラウン 大
1. **本体** 鎖の作り目をし、模様編みAで輪に編む。
2. **型** 右ページの図を参照し、厚紙で型を作る。
3. **アイロン** 型を利用する方法 (タイプD⇒p.33参照)。

アイロンポイント: 裏返して型にかぶせ、ドライで軽くかけ、端を整える。スチームに切り替えて固さを確かめながらあてる。表に返し、スチームを軽くあてる。厚紙からはずし、全体にスチームをあてる。

4. **まとめ** お好みで、デコレーションシールを接着剤で貼る。

👑 クラウン 小
小物入れとして使う場合は底が必要。
1. **本体** 鎖の作り目をし、模様編みAで輪に編む。
2. **底** 小物入れにする場合は底を模様編みBで編む。
3. **型** 右ページの図を参照し、厚紙で型を作る。
4. **アイロン** 型を利用する方法 (タイプD⇒p.33参照)と、底は平らで丸くかける(タイプBの②⇒p.31参照)。

王冠で使うときは不要

アイロンポイント: クラウン部分は上記の大と同様。底は少しずつスチームをあてながら、指定サイズにする。

5. **まとめ** 本体と底を半目を拾って巻きとじる。お好みで、デコレーションシールを接着剤で貼る。

■ クラウン大・小　模様編みA

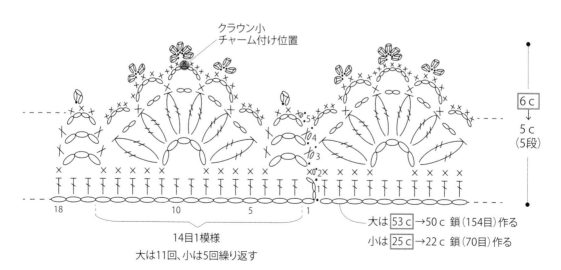

14目1模様
大は11回、小は5回繰り返す

大は 53c → 50c 鎖(154目)作る
小は 25c → 22c 鎖(70目)作る

■ クラウン小の底　模様編みB

段数	目数	
6	72	(+8目)
5	64	(+16目)
4	48	(+12目)
3	36	(+12目)
2	24	(+6目)
1	18	(わの中に編み入れる)

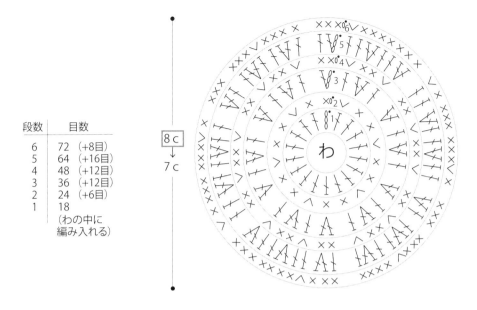

■ 厚紙　図のように輪にし、準備する

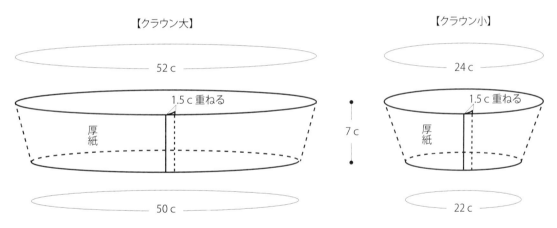

■ まとめ

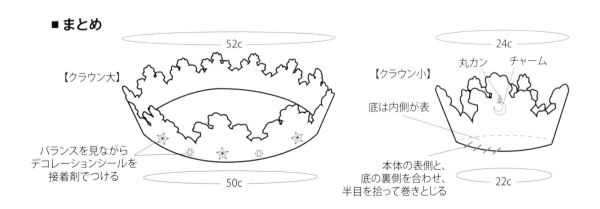

18. めがねケース

15ページと、裏表紙の作品

[用意する色] ※1個あたり
(p.15奥)
(a) 03 カメリア 19g
(b) 15 ミストグレー 35g

[使用針・用具]
カギ針7/0号、直径14mmのマグネット付きホック、厚紙

[出来上がり寸法]
▢の数字は編み上がり寸法。編み手により前後する。囲んでいない数字が出来上がりとしてめざすサイズ。
縦5.5cm 横16cm 高さ4cm
縦6cm 横16.5cm 高さ4.5cm

別パターン配色
(p.15手前)
(a) 05 ダークシアン 19g
(b) 11 キャメル 35g
(裏表紙の作品)
(a) 07 サルビアブルー 19g
(b) 04 レモンイエロー 35g

[編み方ポイント]
すべて2本どりで編む。
1. **下部** 鎖の作り目をし、底を模様編みで編む。続けて側面を輪の往復編みで編む。
2. **上部** 鎖の作り目をし、模様編みで編む。
3. **ホックの台** 各色それぞれ1枚ずつ編む。
4. **まとめ** 上部を下部に編みとじながら、細編みを輪に編む。（とじ方参照p.78の④）
5. **アイロン** 右ページの型を厚紙で作り、内側にセットする。外側から少しずつスチームをあて、手で形を整えていく。何度か繰り返し、きれいな形になったら、外側からドライアイロンをかける。ホックの台もスチームをあてて固める。
6. **ホックのつけ方** 図を参照してつける。

アイロンポイント タイプD(p.33)の型を使うやり方を参照。ただし、こちらは表をおもに固める。

■ **下部** = b色

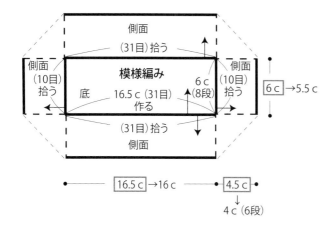

■ **模様編み（側面）**

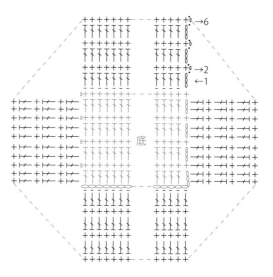

■ **模様編み（底）**

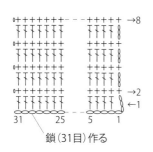

$\overline{T}$ =長編みのすじ編み目

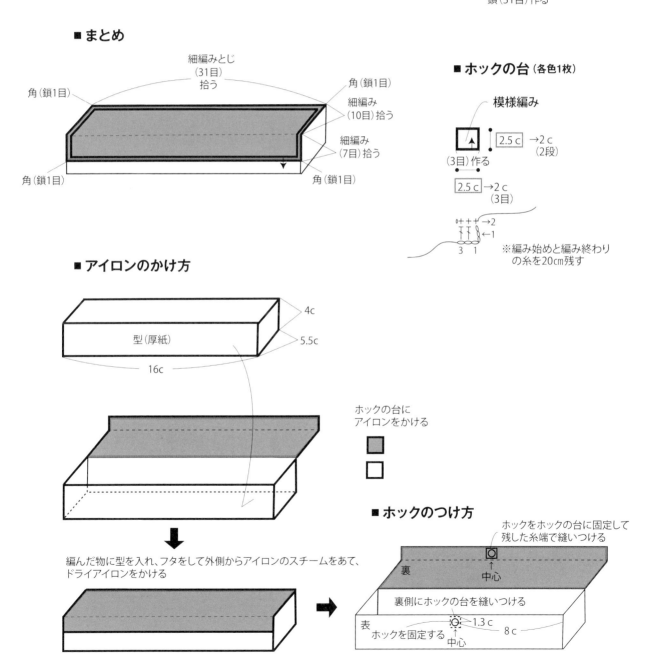

19. ペンケース　20. コインケース

16ページと、裏表紙の作品

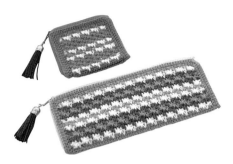

[用意する色]
ペンケース
(a) 08 ダークグレー　15g
(b) 09 ホワイト　15g
(c) 12 フォグピンク　25g
コインケース
(d) 09 ホワイト　5g
(e) 11 キャメル　15g
(f) 13 グレージュ　5g

[使用針・用具]
カギ針3/0号、ファスナー(20cm、30cm各1本)、縫い糸、縫い針、
(以下はお好みで) 丸カン、タッセル、星型鋲、デコレーションシール、接着剤

[出来上がり寸法]
編み図参照。□の数字は編み上がり寸法。編み手により前後する。囲んでいない数字が出来上がりとしてめざすサイズ。

裏表紙の作品
ペンケース
(a) 02 サーモン　15g
(b) 06 アンティークグリーン　15g
(c) 17 ロイヤルブルー　25g
コインケース
(d) 16 カモミール　5g
(e) 17 ロイヤルブルー　15g
(f) 18 ラベンダー　5g

[編み方ポイント]
1. **本体**　鎖の作り目をし、模様編みで編む。鎖から目を拾い反対側も同様に編む。
2. **縁編み**　輪の往復編みで5段編む。
3. **アイロン**　平らで四角いものを編むタイプAの①の方法 (p.29参照)。

アイロンポイント　手で形をよく整えながら、少しずつスチームをあてて固める。表は編み目を生かすよう軽くスチームをあてる。

4. **まとめ**　作り目のところで外表に折り、1辺は縫いとじる。ファスナーは縫い糸で手縫い。
5. **デコレーション**　お好みで。鋲は接着剤併用でつける。タッセルは丸カンで取り付ける。

■配色

	ペンケース	コインケース
	a色	f色
	b色	d色
	c色	e色

■ペンケース

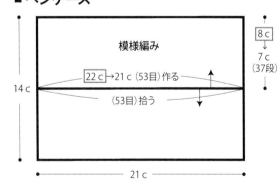

■コインケース

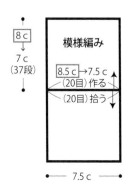

■編み図

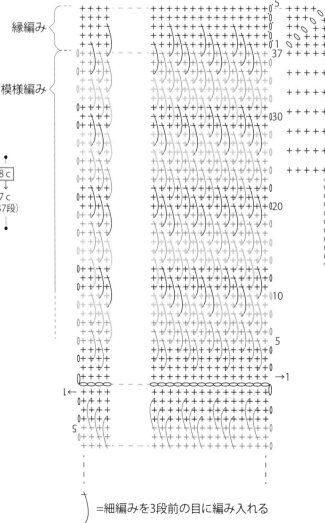

◯ =細編みを3段前の目に編み入れる

■ 縁編み

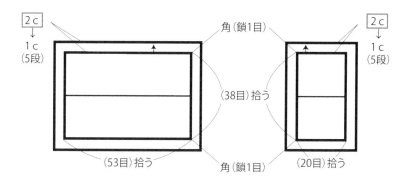

■ まとめとデコレーション（例）

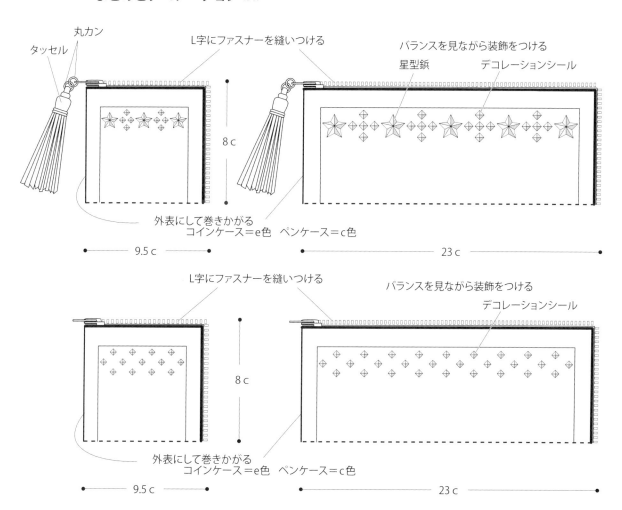

21. スマホケース a (ドット)

17ページの作品

別パターン配色 (p.17左)
- 14 エクリュベージュ 30g
- 04 レモンイエロー 5g ┐
- 05 ダークシアン 5g │ モチーフ
- 08 ダークグレー 5g │
- 17 ロイヤルブルー 5g ┘

[用意する色] ※1個あたり
(p.17右)
- 15 ミストグレー 30g
- 02 サーモン 5g ┐
- 08 ダークグレー 5g │ モチーフ
- 16 カモミール 5g │
- 17 ロイヤルブルー 5g ┘

[使用針・用具]
カギ針4/0号、マグネットホック、クリアケース、接着剤

[出来上がり寸法]
□の数字は編み上がり寸法。編み手により前後する。囲んでいない数字が出来上がりとしてめざすサイズ。
縦14.5cm 横18cm
縦17.3cm 横20.8cm

[編み方ポイント]
1. **本体** 鎖の作り目をし、長編みで編む。周りに縁編みを輪で1段編む。
2. **モチーフ** 4色で大小のモチーフを各1枚編む。
3. **ベルトとマグネットあて** 右ページの共通の編み図に従って編む。

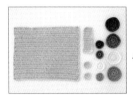

アイロンポイント: 本体の四角形をきれいに作ることが大事。また、しっかり固めることで、カメラ穴が切り込める。

4. **アイロン** 本体はタイプA (p.29参照) のかけ方。モチーフなどほかのパーツも固さを確認しながらスチームをあてる。
5. **まとめ** 指定位置にマグネットをつけ、マグネットあてを重ねて巻きかがる。モチーフは好みの位置につける。カメラ穴をカットし、切り込み箇所にスチームをしっかりかける。クリアケースを接着剤でつける。

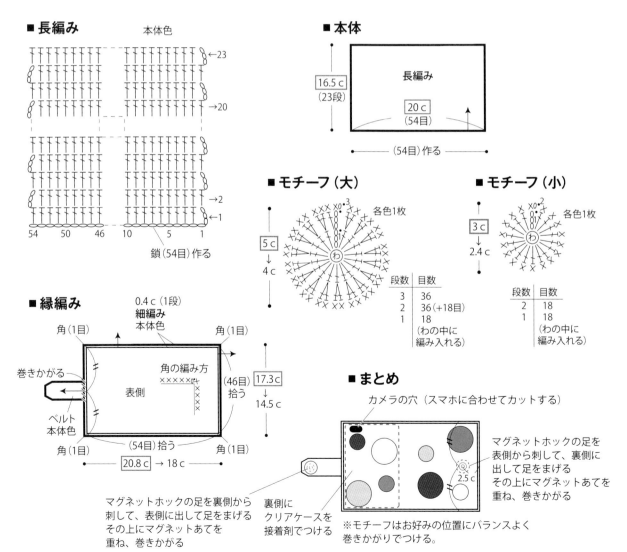

22. スマホケースb

17ページの作品

別パターン配色（p.17右）
(c) 05 ダークシアン 20g
(d) 06 アンティークグリーン 15g

[用意する色] ※1個あたり
(p.17左)
(c) 07 サルビアブルー 20g
(d) 14 エクリュベージュ 15g

[使用針・用具]
カギ針4/0号、マグネットホック、クリアケース、接着剤

[出来上がり寸法]
▢の数字は編み上がり寸法。編み手により前後する。囲んでいない数字が出来上がりとしてめざすサイズ。
縦14.5cm 横18cm
縦15.8cm 横20.6cm

[編み方ポイント]
1. **本体** 鎖の作り目をし、模様編みで編む（糸替えは糸を渡して編む）。周りに縁編みを輪で2段編む。
2. **ベルトとマグネットあて** 下の共通の編み図に従って編む。
3. **アイロン** 本体はタイプA（p.29参照）のかけ方。
4. **まとめ** 指定位置にマグネットをつけ、マグネットあてを重ねて巻きかがる。カメラ穴をカットし、切り込み箇所にスチームをしっかりあてる。クリアケースを接着剤でつける。

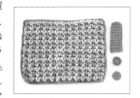

アイロンポイント: 本体の四角形をきれいに作ることが大事。また、しっかり固めることで、カメラ穴が切り込める。

■ **模様編み**
― = d色
― = c色
⌒ = 糸を渡す

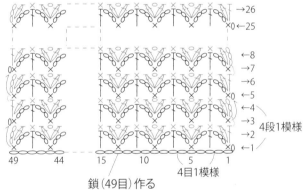

■ **本体**

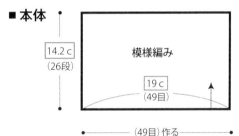

■ **縁編み・まとめ**

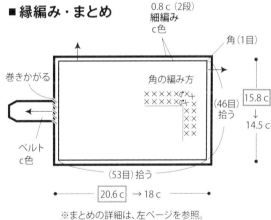

※まとめの詳細は、左ページを参照。

※ベルトとマグネットあては2タイプとも共通の編み方です。

■ **ベルトの編み方**

縁編みと同色で1枚

2.5c / 2c
6.5c → 5.5c
鎖（8目）作る

■ **マグネットあての編み方**

縁編みと同色で2枚

2c / 1.6c
（わ）

23. サークルバッグ

18ページと、裏表紙の作品

[用意する色]
(a) 11 キャメル　150g
(b) 08 ダークグレー　55g

[使用針・用具]
カギ針7/0号、持ち手(70cm)、縫い糸、縫い針

[出来上がり寸法]
編み図参照。□の数字は編み上がり寸法。編み手により前後する。囲んでいない数字が出来上がりとしてめざすサイズ。

裏表紙の作品
(a) 17 ロイヤルブルー　150g
(b) 15 ミストグレー　55g

[編み方ポイント]
すべて2本どりで編む。
1. **側面**　わの作り目をし、長編みで編む。
2. **マチ**　鎖の作り目をし、長編みで編む。
3. **アイロン**　側面は円、マチは長方形が指定のサイズになるようにスチームをあてる。タイプAの②(p.30)、タイプBの②(p.31)を参照。
4. **まとめ**　側面とマチを外表に合わせ、半目を拾って巻きかがる(p.78かがり方②③参照)。側面の指定の位置に持ち手を縫いつける。

 大きなパーツは、中心から外に向かうようなアイロンの動きで、スチームをあてる。

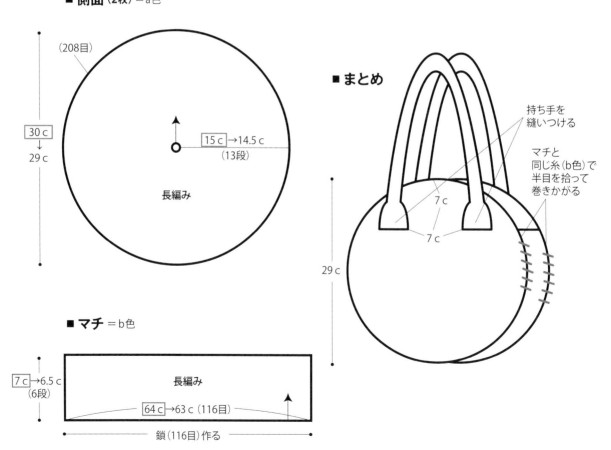

■ 側面

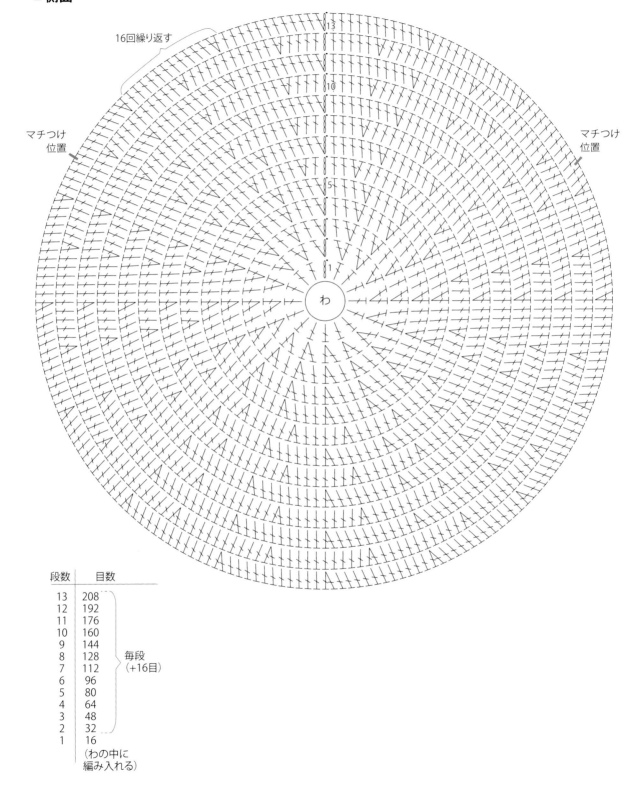

段数	目数	
13	208	
12	192	
11	176	
10	160	
9	144	
8	128	毎段
7	112	(+16目)
6	96	
5	80	
4	64	
3	48	
2	32	
1	16	
(わの中に編み入れる)		

24. チェーンショルダーバッグ

19ページと、裏表紙の作品

裏表紙の作品
※2本どりで使用
09 ホワイト　100g
12 フォグピンク　100g

[用意する色]
09 ホワイト　100g
15 ミストグレー　100g

[使用針・用具]
カギ針7/0号、持ち手ショルダーチェーン(120cm)、ひねり金具(大)

[出来上がり寸法]
編み図参照。□の数字は編み上がり寸法。編み手により前後する。囲んでいない数字が出来上がりとしてめざすサイズ。

[編み方ポイント]
すべて2色の2本どりで編む。
1. **本体**　鎖の作り目をし、模様編みで編む。周囲から目を拾い、縁編みを輪に編む。
2. **マチ**　鎖の作り目をし、長編みと細編みで編む。同じものを2枚編む。
3. **アイロン**　本体とマチは、それぞれ平らな状態で指定サイズにするタイプAの②(p.30参照)で。本体はさらに折って形作る(右ページ参照)。
4. **まとめ**　本体とマチは外表に合わせて、巻きかがる(かがり方参照p.78の③)。ひねり金具と、チェーンの持ち手を取り付ける。

アイロンポイント　パーツにはまんべんなくスチームがあたるように、中心から外に向かってアイロンを動かす。

■ **本体**

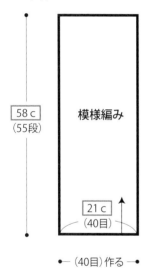

■ **模様編み**

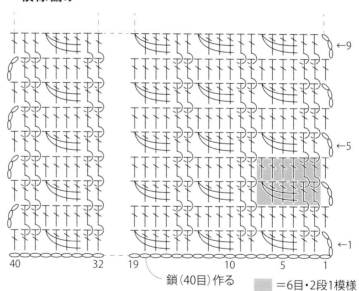

■ **マチ**　2枚

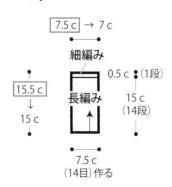

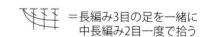

＝長編み表引き上げ編み目

＝長編み3目の足を一緒に中長編み2目一度で拾う

■ 縁編み　長編み

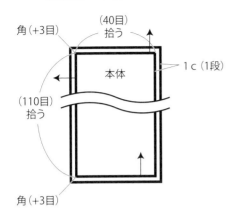

- 角（+3目）
- （40目）拾う
- 1 c（1段）
- 本体
- （110目）拾う
- 角（+3目）

■ 本体のアイロンは2段階

平らな状態で縦横とも指定のサイズまで縮める。次に点線の位置で谷折りし、スチームをあてて形作る

- - - - ＝谷折り線

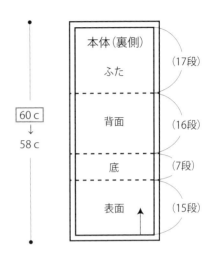

- 本体（裏側）
- ふた（17段）
- 背面（16段）
- 底（7段）
- 表面（15段）
- 60 c → 58 c
- 23 c → 21 c

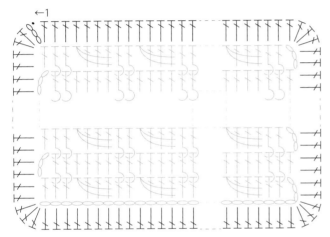

■ まとめ

本体とマチを外表に合わせて巻きかがる

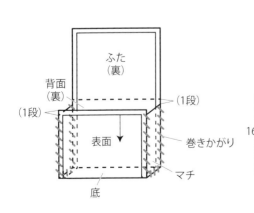

- ふた（裏）
- 背面（裏）
- （1段）
- （1段）
- 表面
- 巻きかがり
- マチ
- 底

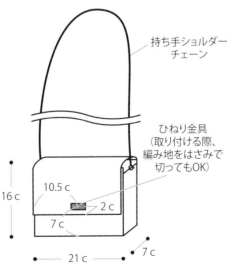

- 持ち手ショルダーチェーン
- ひねり金具（取り付ける際、編み地をはさみで切ってもOK）
- 10.5 c
- 2 c
- 7 c
- 16 c
- 21 c
- 7 c

このタイプのチェーン持ち手なら、丸カン不要で直付けできる

25. 26. ペアの帽子（キッズ&レディース）

20、21ページと、裏表紙の作品

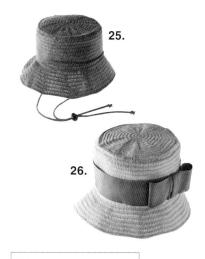

25.

26.

別パターン
レディース（裏表紙の作品）
15 ミストグレー　120g
キッズ（p.21）
17 ロイヤルブルー　100g

[用意する色] ※各1個あたり
レディース
09 ホワイト　120g
キッズ（p.20）
05 ダークシアン　100g

[使用針・用具]
カギ針4/0号、直径4mmのスピンドルひも1.3m、ループエンド1個（以上、キッズ）、5cm幅のリボン100cmまたは120cm（レディース）

[出来上がり寸法]
☐の数字は編み上がり寸法。編み手により前後する。囲んでいない数字が出来上がりとしてめざすサイズ。

レディース
頭囲58cm　深さ8.5cm
頭囲63.5cm　深さ9.5cm

キッズ
頭囲54cm　深さ7.5cm
頭囲59cm　深さ8.5cm

┌┄┄┐
┆　　┆ =キッズ。この指定の
└┄┄┘　ないのはレディース
　　　　または共通

[編み方ポイント]
1. **トップ**　わの作り目をし、模様編みAで増し目をしながら編む。
2. **サイドとブリム**　鎖の作り目をし、模様編みBで増し目をしながら編む。
3. **アイロン**　各パーツを平らな状態でタイプA、B（p.29〜32参照）の方法で固める。
4. **まとめ**　サイドとブリムの両端を外表に合わせて巻きかがる（p.78の②③参照）。トップとサイド、サイドとブリムを外表に合わせて巻きかがる。
5. **再アイロン**　帽子の形になったら、スチームをあてて成形する。
6. **装飾**　キッズにはスピンドルひもを通す。レディースにはお好みでリボンを。

大きめのパーツは、中央から外に向かうようにアイロンを動かす。
アイロンポイント

■ トップ　　　　　　　■ サイド

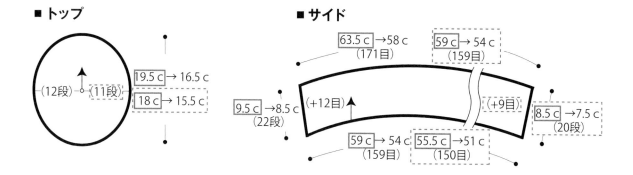

■ ブリム　　　　　　　■ キッズまとめ

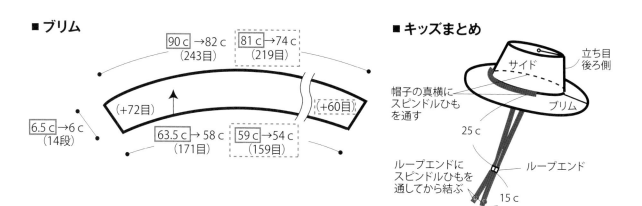

■ キッズ トップ
模様編みA

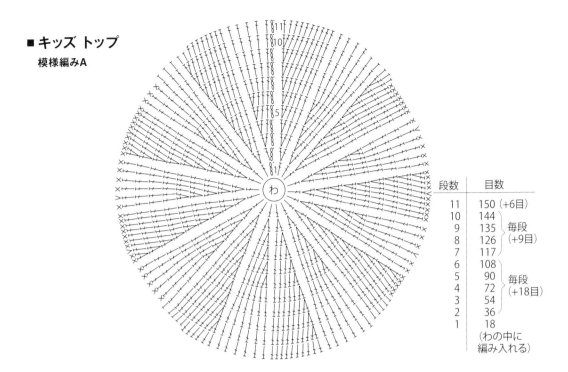

段数	目数	
11	150 (+6目)	
10	144	毎段 (+9目)
9	135	
8	126	
7	117	
6	108	
5	90	毎段 (+18目)
4	72	
3	54	
2	36	
1	18 (わの中に編み入れる)	

■ キッズ サイド
模様編みB

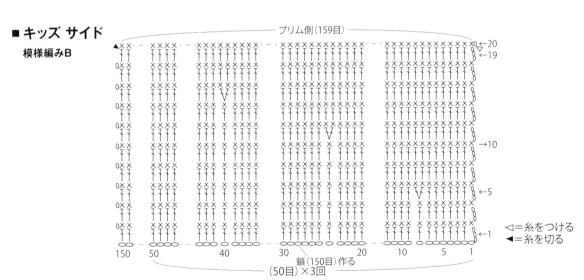

◁＝糸をつける
◀＝糸を切る

■ キッズ ブリム
模様編みB

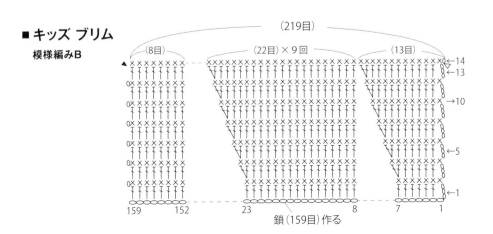

■ レディース トップ

模様編みA

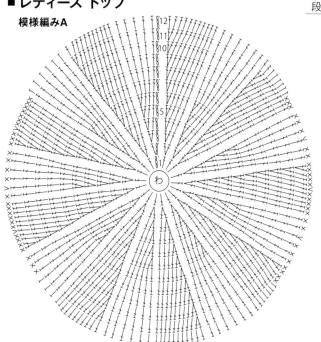

段数	目数	
12	159 (+6目)	
11	153	
10	144	毎段
9	135	(+9目)
8	126	
7	117	
6	108	
5	90	毎段
4	72	(+18目)
3	54	
2	36	
1	18	

(わの中に編み入れる)

■ レディースまとめ

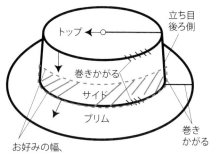

■ レディース サイド

模様編みB

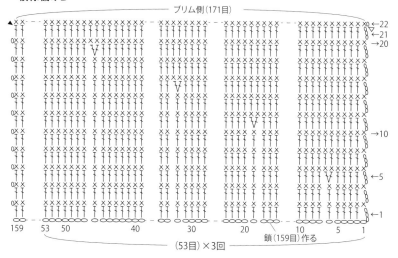

◁ = 糸をつける
◀ = 糸を切る

■ レディース ブリム

模様編みB

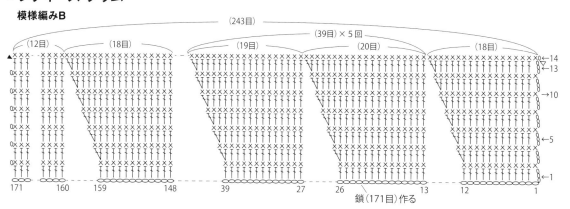

27. モビール　22ページの作品

[用意する色]
15 ミストグレー　150g
（モチーフA 2.5g×30枚、
B 1.8g×30枚、C 2.1g×10枚）

[使用針・用具]
カギ針4/0号、直径20cmの吊
り金具

[出来上がり寸法]
編み図参照。□の数字は
編み上がり寸法。編み手によ
り前後する。囲んでいない数
字が出来上がりとしてめざす
サイズ。

[編み方ポイント]
1. **モチーフ**　Aは鎖5目編んで輪にして、編み図を参照して編む。B、Cはわの作り目をし、編み図を参照して編む。どれも編み終わりの糸を30cm残す。
2. **アイロン**　各モチーフは平らにおいて、タイプAの方法（p.29参照）。
3. **つなぐ**　下図を参照してモチーフ同士をつなぐ。15本の短冊になる。
4. **再アイロン**　短冊につなげたら、もう一度スチームをあてて整える。
5. **まとめ**　金具にバランスよく結びつける。

アイロンポイント　モチーフは縮みやすいので、少しずつ、確認しながらスチームをあてる。

■ **モチーフA**　(30枚)

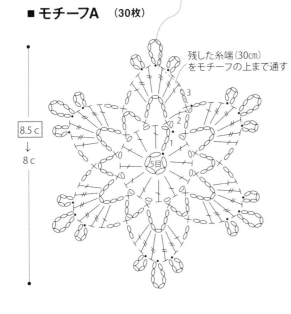

残した糸端(30cm)をモチーフの上まで通す

■ **モチーフC**　(10枚)

※すべてのモチーフの編み終わりの糸を30cm残す。

■ **モチーフB**　(30枚)

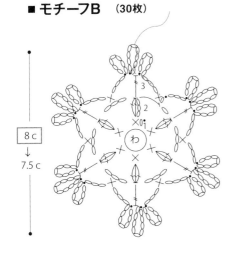

■ **モチーフのつなぎ方**　※モチーフの編み終わりの残した糸をつなぐ位置までもっていき、下側から順にモチーフをつないでいく。上側のモチーフの残した糸で金具につける。

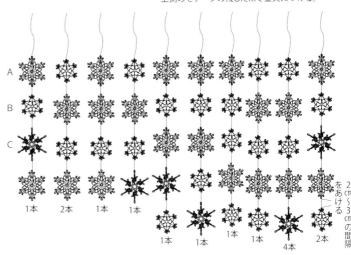

2cm～3cmの間隔をあける

28. 29. 丸いバスケット（大・小） 　23ページと、裏表紙の作品

[用意する色]
（大）12 フォグピンク　80g
（小）18 ラベンダー　40g

[使用針・用具]
カギ針4/0号、厚紙

[出来上がり寸法]
□の数字は編み上がり寸法。編み手により前後する。囲んでいない数字が出来上がりとしてめざすサイズ。
（大）深さ11cm　直径20cm
　　　深さ13cm　直径22cm
（小）深さ8cm　直径14cm
　　　深さ10cm　直径16cm

裏表紙の作品
（大）16 カモミール　80g
（小）07 サルビアブルー　40g

[編み方ポイント]
1. 側面　鎖の作り目をし、模様編みAで編む。
2. 底　わの作り目をし、増し目をしながら模様編みBで編む。
3. アイロン　底を先に固め、円周を測り、円周の長さと同じになるように側面の長さを固める。
4. とじ方　側面の下辺と底を巻きかがる（p.78の②参照）。次に側面の両端を巻きかがる。
5. 再アイロン　右ページのように厚紙で型を作り、型にはめ、形を整えるようにスチームをあてて固める。

 アイロンポイント

底と側面をそれぞれ指定サイズまで固める。タイプBの②（p.31参照）およびタイプAの②（p.30参照）の方法。

■ 側面

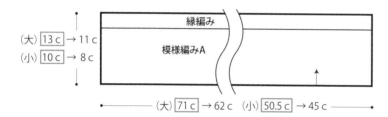

（大）13c → 11c
（小）10c → 8c

縁編み
模様編みA

（大）71c → 62c　（小）50.5c → 45c

■ 底

（大）=（13段）　（小）=（10段）

模様編みB

（大）22c → 20c
（小）16c → 14c

▦ =16目・4段1模様

🫛 =変わり玉編み目（中長編み4目）

◁ =糸をつける
◀ =糸を切る

■ 側面（小）

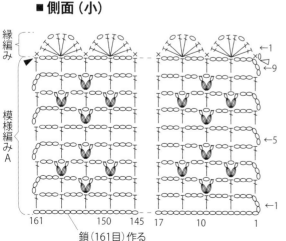

161　150　145　　17　10　1
鎖（161目）作る

■ 側面（大）

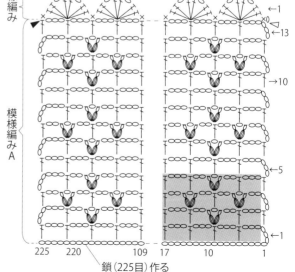

225　220　109　　17　10　1
鎖（225目）作る

■底

■まとめ

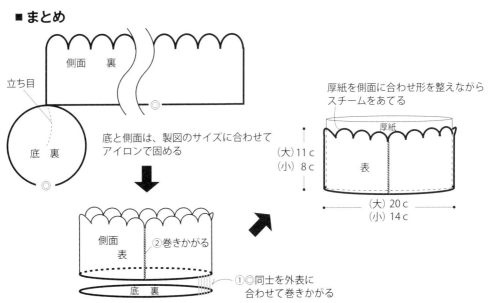

30. 31. 32. 小物入れ a(小)・b(小)・c(中)   24ページと、裏表紙の作品

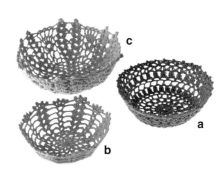

[用意する色]
a (小)
11 キャメル　16g
b (小)
16 カモミール　12g
c (中)
17 ロイヤルブルー　23g
[使用針・用具]
カギ針4/0号、
内径14cm、16cmのボウル（耐熱性）
[出来上がり寸法]
編み図参照。□の数字は編み上がり寸法。編み手により前後する。囲んでいない数字が出来上がりとしてめざすサイズ。

[編み方ポイント]
a・b・c、いずれも同様。
1. **本体**　わの作り目をし、編み図を参照して編んでいく。
2. **アイロン**　ボウルを型とし、タイプD（p.33参照）の方法。

アイロンポイント　タイプDの動画は、小物入れbを固める様子で撮られているので、ご参照を。

裏表紙の作品
a (小)
18 ラベンダー　16g
b (小)
02 サーモン　12g
c (中)
15 ミストグレー　23g

■ a（小）

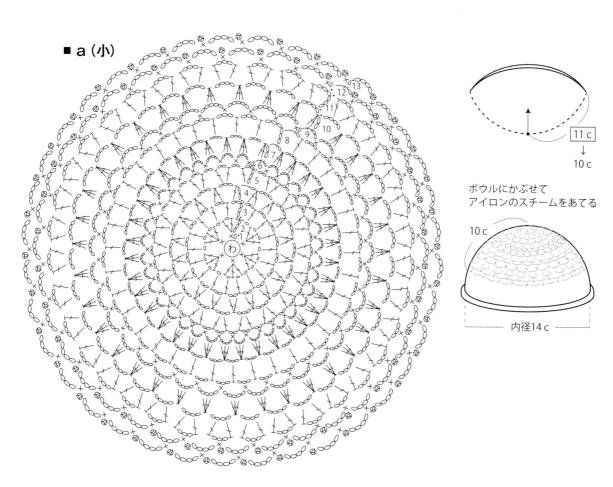

ボウルにかぶせて
アイロンのスチームをあてる

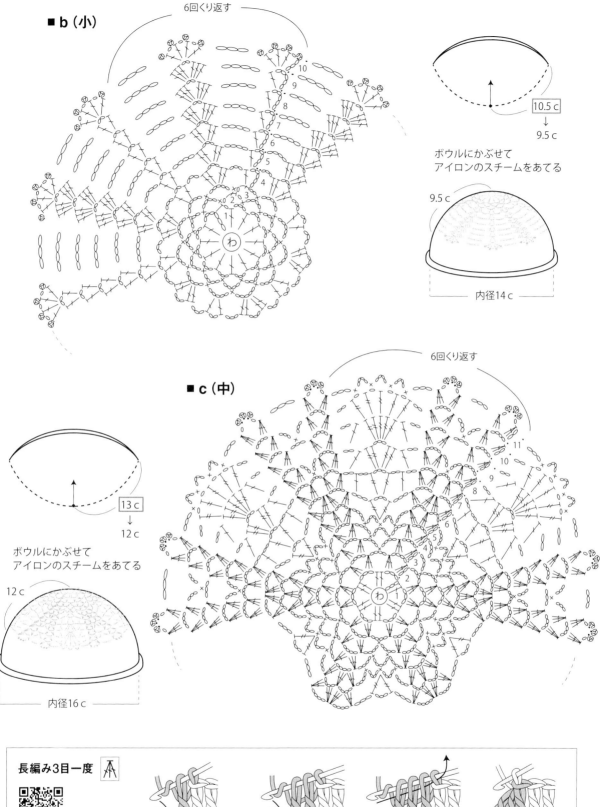

■ b（小）

6回くり返す

ボウルにかぶせて
アイロンのスチームをあてる

10.5 c → 9.5 c

9.5 c

内径 14 c

■ c（中）

6回くり返す

ボウルにかぶせて
アイロンのスチームをあてる

13 c → 12 c

12 c

内径 16 c

長編み3目一度

編み方動画
へのコード

❶ 未完成の長編みを1目編む。
針に糸をかけて、次の鎖目に
未完成の長編みをもう1目編む。

❷ さらに針に糸をかけて、
次の鎖目に未完成の長編み
をもう1目編む。

❸ 針に糸をかけ、矢印の
ように4つの輪を一度に引
き抜く。

❹ 長編み3目一度の出来
上がり。
長編みが2目減らされた
ことになる。

33. マトリョーシカ

25ページと、扉ページの作品

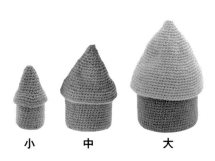

[用意する色]
- 小 (a) 07 サルビアブルー 3g
- 小 (b) 08 ダークグレー 4g
- 中 (a) 05 ダークシアン 7g
- 中 (b) 11 キャメル 9g
- 大 (a) 02 サーモン 13g
- 大 (b) 08 ダークグレー 17g

[使用針・用具]
カギ針4/0号、厚紙

[出来上がり寸法]
編み図参照。□の数字は編み上がり寸法。編み手により前後する。囲んでいない数字が出来上がりとしてめざすサイズ。

[編み方ポイント]
3体それぞれに編む。
1. **下部の底** わの作り目をし、細編みで増し目をしながら底を編む。
2. **下部の側面** 底より続けて編む。1段めだけはすじ編み、残りの段は細編み。
3. **上部** わの作り目をし、細編みで増し目をしながら編む。
4. **アイロン** 厚紙でそれぞれの下部の形を作る（p.69参照）。下部が済んでから、上部を乗せてスチームをあてる。

 アイロンポイント タイプD（p.33参照）。下部には厚紙の型をはめて、外側からスチームをあてる。下部ができたら上部を乗せてスチーム。

扉ページの作品の配色
- 小 (a) 03 カメリア 3g
- 小 (b) 09 ホワイト 4g
- 中 (a) 06 アンティークグリーン 7g
- 中 (b) 18 ラベンダー 9g
- 大 (a) 17 ロイヤルブルー 13g
- 大 (b) 09 ホワイト 17g

■ **下部のサイズ** ※上部の出来上がり寸法はp.69の■アイロンのかけ方の図を参照のこと。

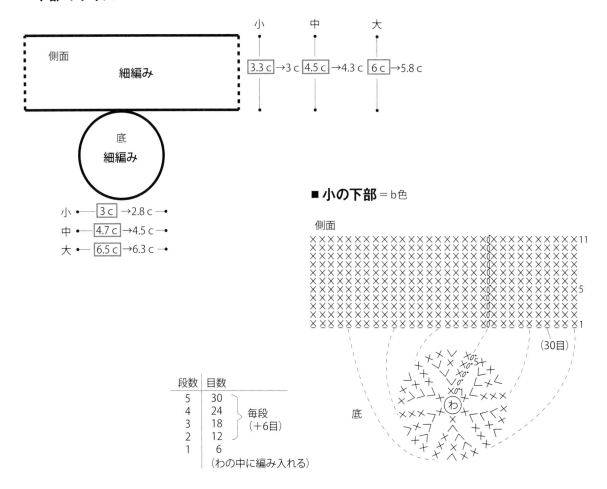

■ **小の上部** = a色

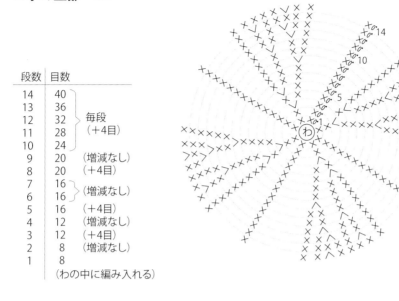

段数	目数	
14	40	毎段
13	36	(+4目)
12	32	
11	28	
10	24	
9	20	(増減なし)
8	20	(+4目)
7	16	(増減なし)
6	16	
5	16	(+4目)
4	12	(増減なし)
3	12	(+4目)
2	8	(増減なし)
1	8	

(わの中に編み入れる)

■ **中の下部** = b色

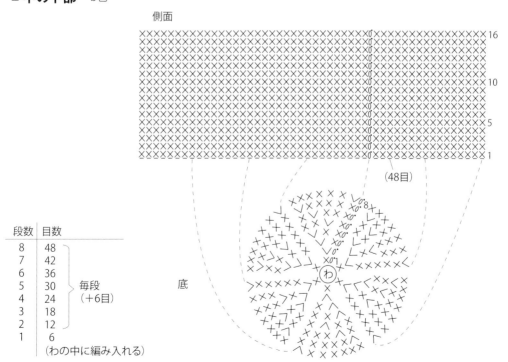

段数	目数	
8	48	毎段
7	42	(+6目)
6	36	
5	30	
4	24	
3	18	
2	12	
1	6	

(わの中に編み入れる)

■ **中の上部** = a色

段数	目数	
20	60	(増減なし)
19	60	(+4目)
18	56	(増減なし)
17	56	毎段 (+4目)
16	52	
15	48	
14	44	
13	40	(増減なし)
12	40	
11	40	(+4目)
10	36	(増減なし)
9	36	毎段 (+4目)
8	32	
7	28	
6	24	
5	20	
4	16	
3	12	
2	8	(増減なし)
1	8	(わの中に編み入れる)

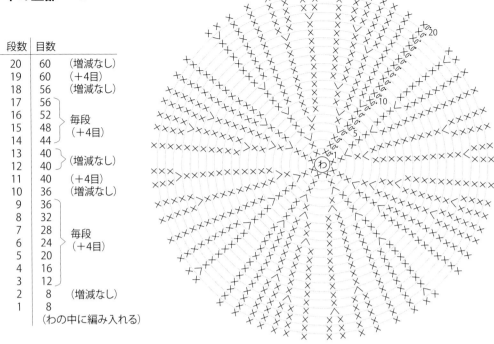

■ **大の下部** = b色

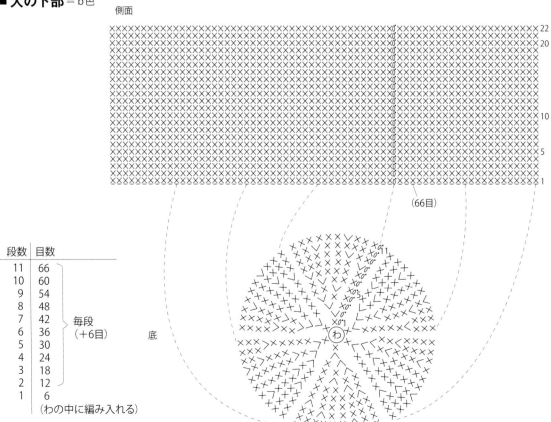

側面

(66目)

底

段数	目数	
11	66	毎段 (+6目)
10	60	
9	54	
8	48	
7	42	
6	36	
5	30	
4	24	
3	18	
2	12	
1	6	(わの中に編み入れる)

■ 大の上部 = a色

段数	目数	
29	80	
28	80	(増減なし)
27	80	
26	80	(+4目)
25	76	(増減なし)
24	76	(+4目)
23	72	(増減なし)
22	72	(+4目)
21	68	(増減なし)
20	68	毎段
19	64	(+4目)
18	60	(増減なし)
17	60	毎段
16	56	(+4目)
15	52	
14	48	(増減なし)
13	48	
12	48	
11	44	
10	40	
9	36	毎段
8	32	(+4目)
7	28	
6	24	
5	20	
4	16	
3	12	
2	8	(増減なし)
1	8	(わの中に編み入れる)

■ アイロンのかけ方　　下部に型を入れ、外側からスチームをあてる

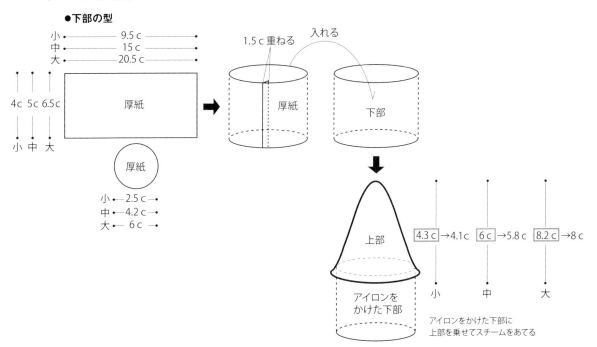

34. 時計   26ページと、裏表紙の作品

[用意する色]
09 ホワイト 40g

[使用針・用具]
カギ針4/0号、
時計のパーツ

[出来上がり寸法]
☐の数字は編み上がり寸法。編み手により前後する。囲んでいない数字が出来上がりとしてめざすサイズ。
直径 30cm ☐直径 33cm

[編み方ポイント]
1. **本体** 鎖10目を輪にして、増し目をしながら14段を、模様編みで編む。次段からは、ひと模様ずつ糸をつけて編む。縁編みを輪に編む。
2. **ループ** 編み図を参照。
3. **アイロン** ピンを使い、平らにして整えながらかけるタイプA（p.29参照）の方法。
4. **まとめ** ヒートプレスを針に通し、ループを裏に縫いつける。時計のパーツを取りつける。

アイロン
ポイント
均等に広げ、八つ角にピンをうち、アイロンをかける。ループはピンは使わず、しっかり固くなるまでスチームをあてる。

裏表紙の作品
14 エクリュベージュ 40g

■ 時計

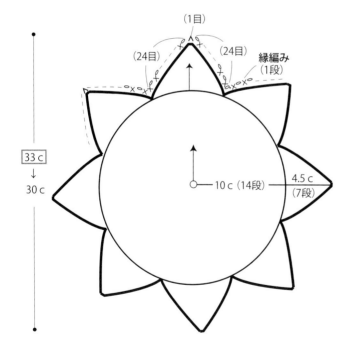

■ ループ

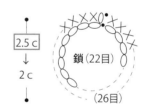

■ まとめ

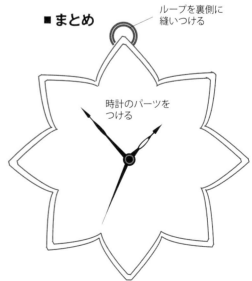

ループを裏側に
縫いつける

時計のパーツを
つける

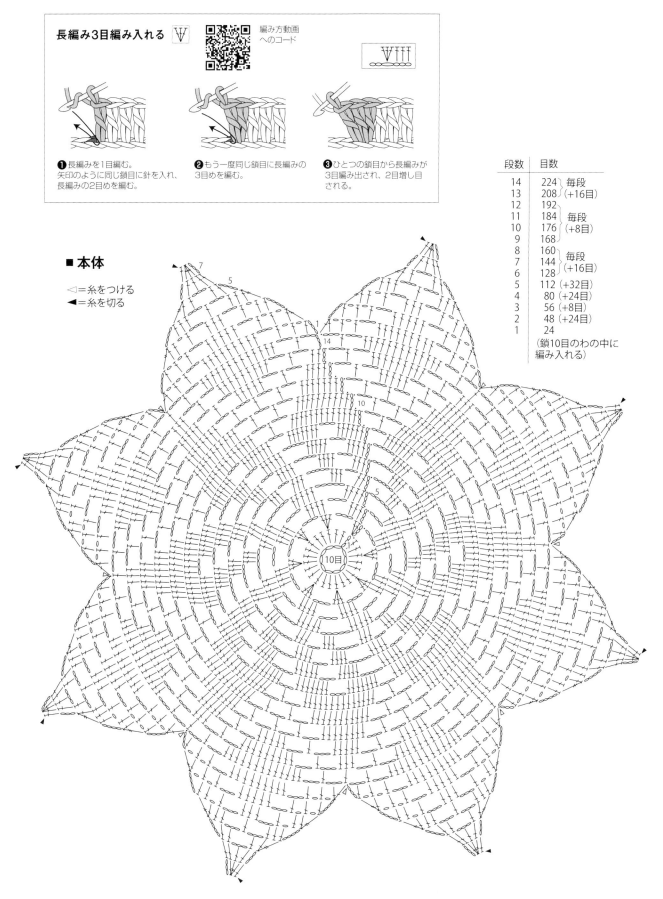

35. バスケット

[27ページと、裏表紙の作品]

[用意する色]
08 ダークグレー 245g

[使用針・用具]
カギ針7/0号

[出来上がり寸法]
□の数字は編み上がり寸法。編み手により前後する。囲んでいない数字が出来上がりとしてめざすサイズ。
縦22cm 横30cm 高さ14cm
縦23cm 横32cm 高さ15cm

裏表紙の作品
13 グレージュ 245g

[編み方ポイント]
すべて2本どりで編む。とじつけ用に編み終わりを長めに残しておく。
1. 底 鎖の作り目をし、中長編みで編む。周囲に細編みを輪に編む。
2. 側面 底の細編みから4辺それぞれに目を拾い、模様編みで編む。
3. アイロン 平らな状態で形を整えながらかけるタイプA（p.29参照）の方法。すじ編み目のところで直角に折りながらスチームをあて、角張らせる。
4. まとめ 側面の脇同士を外表に合わせ、細編みでつなぐ（p.78の④参照）。

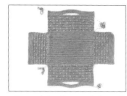

アイロンポイント 大きいものは、中心から外に向けてアイロンを動かしながらスチームをあてる。

■ 底

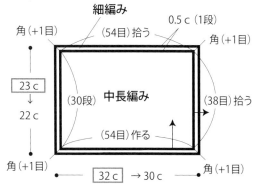

長編み1目右上・3目交差

編み方動画へのコード

❶ 長編みを3目編む。針に糸をかけて、先に編んだ長編みの右側の鎖目に手前から針を入れる。

❷ 長編み3目の手前に、長編みを1目編む。

■ 模様編みと細編み

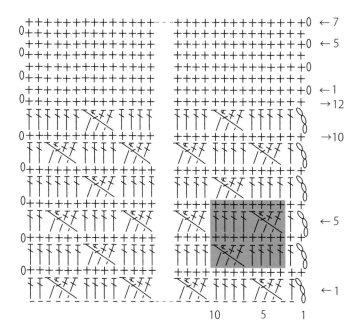

= 長編み1目右上・3目交差

= 長編みのすじ編み目

= 8目・4段1模様

■ 側面

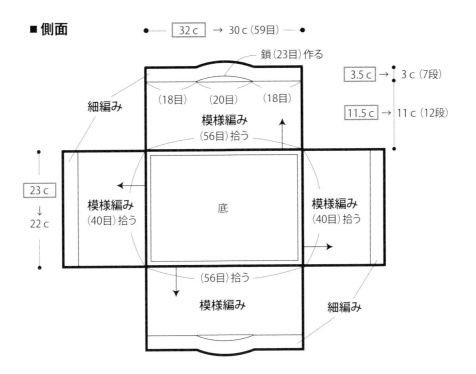

■ 持ち手の細編み

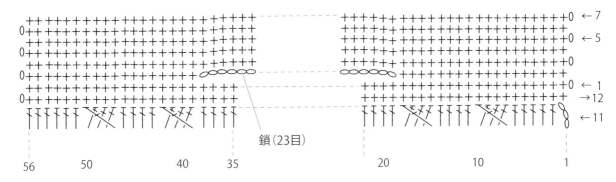

■ まとめ

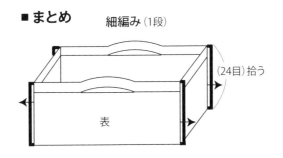

この本に登場する編み方

さまざまなカギ針編のうち、本書に登場する編み方をここに集結。スマートフォンや携帯でコードを読み込むと、編み方がムービー（動画）で見られます♪　動画をパソコンでご覧になりたい場合は あみこもびより を検索すれば基礎編みのページにアクセスできます。（再生には、お持ちのパソコンに適した再生ソフトをお使いください）

1. 鎖編み目

❶ 指に糸をかけ、針を糸の向こう側にあて、図のように針を回転させて糸をすくう。

❷ 針に糸をかけ、図のように引き出す。

❸ もう一度針に糸をかけ、図のように引き出す。

❹ 鎖編み目が1目編めたところ。

2. 細編み目

❶ 鎖1目で立ち上がり、作り目の鎖目の半目と裏山に針を入れる。

❷ 針に糸をかけて、糸を引き出す。

❸ 針に糸をかけ、一度に引き抜く。

❹ 細編み目が編めた。

❺ ❶〜❸の動作を繰り返して5目編んだところ。

3. 中長編み目

❶ 鎖2目で立ち上がり、針に糸をかけて、作り目の鎖目の半目と裏山に針を入れる。

❷ 針に糸をかけて、糸を引き出す。

❸ 針に糸をかけ、矢印のように3つの輪から一度に引き抜く。

❹ 中長編み目が5目編めたところ。立ち上がりの鎖2目は中長編み1目と数える。

4. 長編み目

❶ 鎖3目で立ち上がり、針に糸をかけて、作り目の鎖目の半目と裏山に針を入れる。

❷ 針に糸をかけて、糸を引き出す。

❸ 針に糸をかけ、矢印のように2つの輪から引き抜く。

❹ 針に糸をかけ、矢印のように2つの輪から一度に引き抜く。

❺ 長編み目が5目編めたところ。立ち上がりの鎖3目は長編み1目と数える。

5. 長々編み目

❶ 鎖4目で立ち上がり、針に糸を2回かけて、作り目の鎖目の半目と裏山に針を入れる。

❷ 針に糸をかけ、矢印のように2つの輪から引き抜く。

❸ 針に糸をかけ、矢印のように2つの輪から引き抜く。

❹ 針に糸をかけ、矢印のように2つの輪から一度に引き抜く。

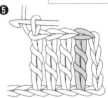
❺ 長々編み目が5目編めたところ。立ち上がりの鎖4目は長々編み1目と数える。

6. 引き抜き編み目

❶ 矢印のように針を入れる。

❷ 針に糸をかけ、一度に引き抜く。

❸ 引き抜き編み目が編めたところ。2目めからも同様に編む。

7. すじ編み目

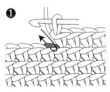
❶ 前段の目の向こう側半目に、矢印のように針を入れる。
（編み地を回さずいつも同じ方向に編んでいく。）

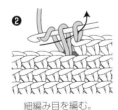
❷ 細編み目を編む。

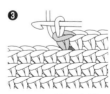
❸ 鎖目の手前の糸がすじ状に現れる。

8. ネット編み（波編み）

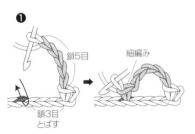
❶ 1段めは、鎖1目で立ち上がり、細編みを1目編む。
「鎖目を5目編み、作り目の鎖目の4目めに細編みを1目編む」を繰り返す。

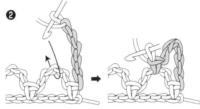
❷ 2段めは、鎖3目で立ち上がり、更に鎖目を2目編み、矢印のように前段の鎖目を束に拾い、細編みを1目編む。

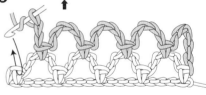

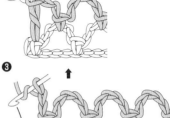
❸ 「鎖5目、細編み1目」のネット編みを繰り返して編む。
編み終わりのネット編みは、鎖2目編んで、矢印のように前段の細編みに長々編みを1目編み、半模様のネット編みを編む。

9. 鎖編み3目のピコット編み

  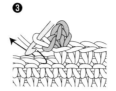 

❶ 鎖編みを3目編み、矢印のように細編みの目の頭の手前半目と足1本をすくって針を入れる。

❷ 針に糸をかけ、針にかかっている目を一度に引き抜く。

❸ 鎖編み3目のピコット編みの出来上がり。続けて細編みを3目編む。

❹ 鎖編みを3目編み、❶、❷を繰り返し、ピコットを編む。

10. 玉編み目（長編み3目の場合）

※中長編みや長々編みで、2目の場合も、未完成を最後に一気に引き抜く要領は同じ。

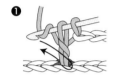 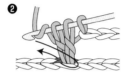 

❶ 未完成の長編みを1目編む。針に糸をかけて、同じ目に未完成の長編みをもう1目編む。

❷ さらに針に糸をかけて、同じ目に未完成の長編みをもう1目編む。

❸ 針に糸をかけ、矢印のように4つの輪を一度に引き抜く。

❹ 長編み3目の玉編み目の出来上がり。

11. 変わり玉編み目（中長編みの場合）

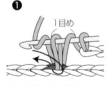   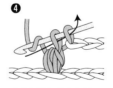 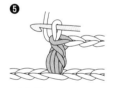

❶ 未完成の中長編みを1目編む。針に糸をかけて、同じ目に未完成の中長編みをもう1目編む。

❷ さらに針に糸をかけて、同じ目に未完成の中長編みをもう1目編む。

❸ 針に糸をかけ、矢印のように6つの輪を引き抜く。

❹ さらに針に糸をかけて、矢印のように2つの輪を一度に引き抜く。

❺ 中長編みの変わり玉編み目の出来上がり。

12. 細編み2目編み入れる = ※本書での略記号です。

❶ 細編みを1目編む。矢印のように同じ鎖目に針を入れ、細編みの2目めを編む。

❸ ひとつの鎖目から細編みが2目編み出され、1目増し目される。

13. 長編み2目編み入れる

   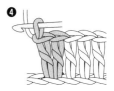

❶ 長編みを1目編む。針に糸をかけて、矢印のように同じ鎖目に針を入れる。

❷ 針に糸をかけ、矢印のように2つの輪から引き抜く。

❸ 針に糸をかけ、矢印のように2つの輪から一度に引き抜く。

❹ ひとつの鎖目から長編みが2目編み出され、1目増し目される。

14. 長編み2目一度

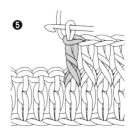

❶ 未完成の長編みを1目編む。針に糸をかけて、次の鎖目に未完成の長編みをもう1目編む。

❷ 針に糸をかけ、矢印のように針にかかっている3つの輪を一度に引き抜く。

❸ 長編み2目一度の出来上がり。長編みが1目減らされたことになる。

❺ 長編み表引き上げ編み目の出来上がり。

15. 長編み表引き上げ編み目

   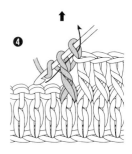

❶ 針に糸をかけて、前段の長編みの足に、矢印のように針を入れる。

❷ 針に糸をかけて引き出す。

❸ 針に糸をかけ、矢印のように2つの輪を引き抜く。

❹ 針に糸をかけ、矢印のように2つの輪を一度に引き抜く。

16. 中長編み2目一度

❶ 未完成の中長編みを1目編む。針に糸をかけて、次の鎖目に未完成の中長編みをもう1目編む。

❷ 針に糸をかけ、矢印のように針にかかっている5つの輪を一度に引き抜く。

❸ 中長編み2目一度の出来上がり。中長編みが1目減らされたことになる。

ほかの編み方

 長編み1目右上・3目交差
→ p.72 バスケット

 長編み3目編み入れる
→ p.71 時計

 長編み3目一度
→ p.65 小物入れ

 三つ巻き長編み目
→ p.39 キャンドルカバー

とじ、はぎの方法

本書に登場する4つの方法を下に示します。糸の始まりと終わりは、ひとからげして編み地に通し入れます。
編み地を固めることにより、抜けにくいのもヒートプラスのメリットです。

1. 目と目の巻きかがり〈目の頭の鎖2本をすくう方法〉

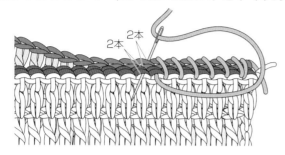

編み地を中表に合わせ、頭の鎖2本ずつを
すくって巻きかがる。

※外表に合わせた場合も同じ。

※作品により、片側
は2本、もう一方は
1本でかがる場合も
あります。

2. 目と目の巻きかがり〈目の頭の鎖1本（半目）をすくう方法〉

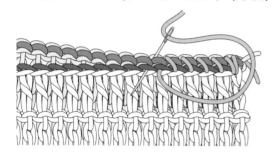

編み地を外表に合わせ、頭の鎖1本ずつを
すくって巻きかがる。

※中表に合わせた場合も同じ。

3. 段と段の巻きかがり

長編みの例

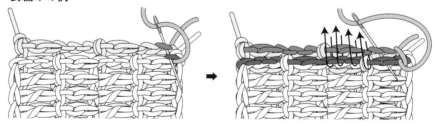

編み地を外表に合わせ、段を巻きかがる。長編み1段につき2、3回針を入れる。

4. 段と段のとじ〈細編みで合わせる方法〉

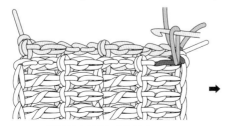 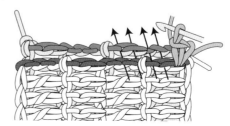

編み地を外表に合わせる。　　　　長編み1段につき、2、3目細編みを編む。

HEAT + Q&A

Q1 どこで買えますか？

A1 2019年3月現在では、楽天市場（通販）「毛糸ピエロ♪」「毛糸ZAKKAストアーズ♪」のみの扱いです。1つが約40gコーン巻き（約103m）です。本書に記載の使用量からコーンの数を割り出してご購入ください。例：60g使用 ⇒ 2コーン

Q2 棒針とカギ針では、どちらが作りやすいですか？

A2 作品によりますが、カギ針の方が作りやすいことから、本書ではカギ針編みのレシピのみに特化しました。棒針でも編めます。適合サイズは4号～6号です。

Q3 編んだサイズと固めたサイズは、どのくらい違いますか？

A3 編み方や模様により若干の差がありますが、スチームアイロンをあてると収縮します。

※細編みなどをきつく編んだ場合は、収縮の度合いが少ないですが固くはなります。

Q4 固まった糸は切っても大丈夫ですか？

A4 大丈夫です。しっかり固めた場合には切ってサイズ変更も可能です。

Q5 固めても元に戻るのでしょうか？

A5 固まったものは元に戻りません。日数がたつと少し柔らかくなります。気になる場合はスチームアイロンをあてて再加熱すると固くなります。

Q6 洗濯はできますか？

A6 中性洗剤を使い、手洗いをおすすめします。

Q7 固めた後でも、編み足せますか？

A7 可能です。編み目が固まっているので、針が入れづらいですが編めます。編み目がつぶれている場合には、目打ちなどで穴をあければ編んでいけます。

Q8 アイロンを直(じか)にあてるとき、編み地がくっつくのですが大丈夫でしょうか？

A8 くっついてしまう場合には、あて布を使用してアイロンをかけてください。

Q9 カチカチに固くすることもできるのですか？

A9 ゆるい編み目のものは十二分に加熱すると、かなり固くなります。細編みなどきつく編んだ編み地のものは、あて布をしてドライで圧着してかけることで、とても固くなります。アクセサリーやキーホルダーなどのパーツとして使えるようなアイテムもできます。

Q10 作品で、固めたい部分と柔らかくしたい部分がある場合は？

A10 ベレー帽の頭周りの部分など、固めたくない部分をアルミホイルやタオル等で覆って、成形したい部分だけにスチームがあたるようにしてみてください。アイロンのスチームがあたらなければ固くなりません。

著者紹介

毛糸ピエロ♪
毛糸ZAKKAストアーズ♪

2店舗ともに後正産業株式会社の個人向け通販部門。後正産業は、昭和40年4月創業。手芸糸、毛糸の製造、量販卸、アパレル向け原糸の販売、個人向け通信販売などを事業内容としている。社内では、専属の編み物製作部を擁し、定期刊行誌『KNIT ANGE』(毛糸ピエロ♪編・著)、『amis du tricot』(毛糸ZAKKAストアーズ♪編・著)、その他無料で、作品レシピや編み方ムービーなどもホームページで公開している。

毛糸ピエロ♪　　https://www.rakuten.co.jp/gosyo/
毛糸ZAKKAストアーズ♪　　https://www.rakuten.co.jp/keito-zakka/
◆ ヒートプラス は上記のどちらの店舗でも 購入 できます

作品&レシピ提供／永井洋子　林 園子　高松正美　小川真由美　宇都宮 梢　武田麻衣子　林 尚子（以上、後正産業）
編集協力／和田真紀　笹倉香代子（以上、後正産業）　平入福恵
イラスト／伊東みゆき

ブックデザイン／片柳綾子　田畑知香　原 由香里（DNPメディア・アート OSC）
撮影／椎野 充（講談社写真部）
スタイリング／橋本真奈美
モデル／林田智子　林田怜平
撮影協力／ルヴァン富ヶ谷店　http://levain317.jugem.jp
　　　　　AWABEES・UTUWA　www.awabees.com

衣装・小物協力　（五十音順、社名＋URL）※掲載アイテムは時期により、完売・品切れになる場合があります。
ARKESTRA　www.arkestra.co.jp
（p.16 鉛筆、アドレス帳）
オプティカル テーラー クレイドル　http://www.cradle.ne.jp
（p.7、p.15 メガネ）
株式会社ファラオ（alacrity、a+koloni）　http://pharaoh-alacrity.com
alacrity（p.12、p.18 スカート、p.21シャツ）a+koloni（p.12、p.18ブラウス）
セント ジェームス 代官山　www.ouessant.jp
（p.20、p.21ボーダートップス）

固まる糸！　HEAT+で編む雑貨
2019年3月18日　第1刷発行

著　者　　毛糸ピエロ♪　毛糸ZAKKAストアーズ♪
発行者　　渡瀬昌彦
発行所　　株式会社 講談社
　　　　　〒112-8001　東京都文京区音羽2-12-21
　　　　　販売 03-5395-3606　業務 03-5395-3615
編　集　　株式会社 講談社エディトリアル
代　表　　堺 公江
　　　　　〒112-0013　東京都文京区音羽1-17-18　護国寺SIAビル
　　　　　編集部 03-5319-2171
印刷所　　大日本印刷株式会社
製本所　　大口製本印刷株式会社

定価はカバーに表示してあります。
本書のコピー、スキャン、デジタル化等の無断複製は、著作権法上での例外を除き禁じられています。本書を代行業者等の第三者に依頼してスキャンやデジタル化することはたとえ個人や家庭内の利用でも著作権法違反です。
落丁本・乱丁本は購入書店名を明記のうえ、講談社業務あてにお送りください。送料は小社負担にてお取り替えいたします。
なお、この本の内容についてのお問い合わせは、講談社エディトリアルまでお願いいたします。

ISBN978-4-06-515036-8　©keito pierrot,keito zakka stores 2019,Printed in Japan